馔
创美工厂

新奇有趣

人本经营之道

[日]堀场雅夫 著
孙大超 译

人本經營之道

中国友谊出版公司

图书在版编目（CIP）数据

人本经营之道 /（日）堀场雅夫著 ；孙大超译. --
北京 ：中国友谊出版公司，2017.5
ISBN 978-7-5057-4035-8

Ⅰ. ①人… Ⅱ. ①堀… ②孙… Ⅲ. ①企业经营管理
Ⅳ. ①F272.3

中国版本图书馆CIP数据核字(2017)第102685号

著作权合同登记号 图字：01-2017-6469号

书名 人本经营之道
著者 [日] 堀场雅夫
译者 孙大超
出版 中国友谊出版公司
发行 中国友谊出版公司
经销 新华书店
印刷 北京鹏润伟业印刷有限公司
规格 880×1230毫米 32开
8.25印张 120千字
版次 2017年12月第1版
印次 2017年12月第1次印刷
书号 ISBN 978-7-5057-4035-8
定价 48.00元
地址 北京市朝阳区西坝河南里17号楼
邮编 100028
电话 （010）64668676

目录 Contents

序言 Preface

科学无论如何都无法超越人类的能力。以前，我曾向机器人专家提出过这样的问题："如果依靠科学的力量，创造出一个人来，应该值多少钱才合适呢？"有人说："虽不能完全与人相媲美，但是相接近的话，价值应该在1000亿日元（约合50亿元人民币）至1500亿日元左右吧。"其他人说："不，应该值3000亿日元。"也有人说："5000亿日元。"换句话说，即使能力稍微差一些的人也至少价值1000亿日元。而实际上，员工们则领着相对低廉的薪水在为企业工作，对此，企业经营者应怀有感激之情。

我年轻的时候，每换一辆新车，便会加足马力，让车全速前进跑一次试试。大体上汽车可以达到时速200公里，而普通人开车最多只跑到时速100公里，跑了数万公里后，便换车了。如果车也有心灵的话，一定会叹气道："我的主人仅仅使用了我能力的四分之一至三分之一，便抛弃了我。"

这不禁让人感到惋惜。

但更可怜的是人。大多数人还未能挖掘出自己能力的极限，就已与世长辞。拥有1000亿日元价值的人，在极限状态下，能够发挥出巨大的力量。我在二战期间和二战结束后，曾几度发现自己居然有如此大的能力。根据经验来看，当自己认为已经达到竭尽全力的程度时，其实还能发挥出三倍于此的力量。

有多少人都不曾挑战过自己的极限。我认为日本企业无法发挥潜力的首要原因就在于此。那么，如何才能让员工最大限度地发挥出潜力呢？思前想后，我想到了“新奇有趣”这一企业哲学。恰逢九十岁之际，我将自己的经营理念整理成书，内容由三章组成。首先，介绍了“新奇有趣”企业哲学的整体情况。其次，分别在员工篇和企业经营者篇中，具体阐述此理念的方法论。每章结尾处是《日经 Top Leader》副总编北方雅人所写的评述。最后是与青年企业经营者代表——Livesense公司[1]村上太一社长的对话。运用此理念工

[1] Livesense公司，2006年成立，属服务行业，总部在日本东京，运营职业中介网站，同时提供不动产、二手车交易等信息。该公司已在东京证券交易所成功上市。（本书中出现的注释，均为译者注。）

作是多么愉快，多么高效。如果广大读者能领略到其中的魅力，那将是我最大的荣幸。

堀场制作所创始人 堀场雅夫

第一章

新奇有趣的企业哲学

寡欲之人难堪大用

欲望乃天赐之物，不必刻意抑制。

唯有坦诚直面欲望，方可做到“乐业”。

淡泊无欲的团队无法取得进步，甚至使公司走向衰退。

昭和20年代至30年代[1]的企业经营者与当今时代的企业经营者之间，最本质的区别是什么？最本质的区别是欲望的实质不同。比起当今时代的企业经营者，老一辈企业经营者活得更加“随心所欲”。

五欲与贪欲截然不同

身有五欲[2]绝对不是坏事。食欲、性欲、财欲、名欲、征服欲（一般说法为睡欲）此五欲，拜上天所赐，世人与生俱来皆携五欲，只不过因人而异，有人欲望强、有人欲望弱罢了。

[1] 昭和元年为1926年，昭和20年代至30年代，即1945年至1964年。

[2] 五欲，佛教中指食欲、色欲、财欲、名欲、睡欲。

经常听人们议论道："像日本大王制纸公司[1]（私用公款）的富二代，这样贪得无厌的人越来越多，真是岂有此理！"其实，这与我所说的欲望的实质是截然不同的。

损人利己、致人于危难之中，不择手段满足自我欲望，此乃贪欲，应坚决杜绝。而五欲与贪欲，虽一字之差，但其实质却大相径庭。

人一旦失去食欲，便会死亡；人一旦失去性欲，子孙后代便不再人丁兴旺；人之所以追求高薪，是因为有财欲；人之所以想成为总理、想成为博士，是因为有名欲。一旦这些欲望都消失了，人类也就要灭亡了。

五欲拜上天所赐，是用于守护人类种族、使人不断成长的宝贵之物。五欲既不是父母双亲给我们的，也不是通过自我努力而获得的。否定五欲之人，实则是不敬畏上天的。

不过，近年来贪欲强烈的人随处可见，而五欲不强者也层出不穷。这就好比登山时，刚过了半山腰，便自言自语道"差不多登到这里就足够了"，像这样的企业经营者屡见不鲜。"完全还有机会把这笔生意做得更大，前景一片光明"，

[1] 日本大王制纸公司成立于1943年，是日本著名的大型综合性造纸公司。

即使听到这样的鼓励，自己却说“太累了，现在这样已经挺好了”，于是便止步不前，这类人其实愚不可及。

不要“清贫”，而要“清富”

其实，持有上述倾向的人并不仅仅局限于企业经营者。更让我感到惭愧的是，即使在堀场制作所，这种“寡欲”的员工也变得越来越多。堀场制作所想了很多办法，例如，让员工趁着年轻到海外去拼搏锻炼，或是使员工变得更加大胆、拥有冒险精神等，虽然用心良苦，无奈收效甚微。

此前有一次，在每个月企业为员工开生日派对的时候，我问新员工“你有什么想要的”，得到的回答竟然是“也没有什么特别想要的……如果工作一年后，能够享受一次带薪休假，完全放松身心地去旅行一次的话，就堪称完美了”，难道你是即将面临退休的大叔吗？

更令人匪夷所思的是，竟然有新员工跑到人事部去询问：“如果工作到退休的话，能拿多少退休金？”难道就不能不指望退休金，而是靠自食其力使生活过得充实而有意义吗？

“寡欲”之人没有上进心，也无法对社会做出贡献，即没有能力。所以，如果有人说“这已经达到我能力的极限了”，我会对他说“你可以入土为安了”。我不仅对员工这样说，对公司以外的人，我仍然会这样说。

对于那些丝毫没有拼搏向上的精气神儿、在工作上碍手碍脚的人，我会不留情面地说：“难道你是二氧化碳制造器吗？每天只会呼出二氧化碳。”就算是开玩笑，这样说话也很伤人，但确实没有办法。

的确，从前“追赶美国”“赶超美国”那些意图明确的口号，增强了日本人的工作欲望。

当初的那些目标已大体实现，而当今社会上有些人认为，“太累了，没有必要那么拼，要是落得个一败涂地，反倒遭人笑话”，这种心理想法，我倒不是不理解。

但是，想要充分发挥人的能力，五欲是不可或缺的。

特别是负责拓展公司业务的社长，如果以清贫自居，那真是要不得。“清”当然是美好的，但我们想要的并不是“贫”，而是“富”，所以应该称之为“清富”。

请大家仔细想一想，如果社长是一副贫困潦倒的模样，你还会发自内心地想在这家公司干一番事业吗？相反，如果社长干劲十足，那么相信这样的公司是有能力生产出优质产品的。

努力生产出优质产品或提供优质服务，使企业不断赢利，提高员工的福利待遇，这样的企业才能真正承担起社会责任。

毫无意义地追求清贫，摆出一副清高的模样，这样的企业经营者其实是犯下了罪过。如果一味地追求清贫，企业经营者就没有了存在的价值。实际上，值得追求的是“清富”。

丢掉悲观论

“目前的状态还不错，不需要改善”，在企业经营中，这种想法是要不得的。稍微一松懈，企业就会垮掉。如果汽车熄灭了发动机，无非是停在路边，可企业犹如飞机，一旦发动机熄火，将会受到重力牵引而坠毁。

像直升机那样，保持空中悬停、维持现状是最危险的。而打破现状的力量根源，正是人的欲望。

按照此想法，当我对别人说“请勿抑制欲望”时，如今的企业经营者中，有人露出了惊讶的表情。其中不乏有识之士，主张悲观论，认为“日本未来的发展方向是紧缩均衡[1]，所以人们只能抑制欲望，仔细地过日子”。

这一观点绝对是错误的。希望持有此观点的人们，不要只看宏观数字、不去洞察人的潜力，而整天都把悲观论挂在嘴边。

大体上，在日本的评论家和学者，知名度越高越愿意倡导悲观论，形成了一种主张悲观论者显得有智慧、有文化的不良之风。在一个充斥着悲观论的国家，国民难免会“逃之夭夭”。

不管谁说什么，我都坚持倡导乐观论。堀场制作所的企业哲学是“新奇有趣”，坦诚地直面五欲，每日都思考怎样才能“乐业”。这样的企业越来越多的话，日本一定会更加充满活力。

[1] 紧缩均衡，即压缩经济规模，保持收支平衡。

企业的核心是企业哲学

原本，我很厌恶所谓的企业经营方针，但经过深思熟虑之后，还是制定了企业哲学。

即使被人用异样的眼光看待，我还是坚信企业哲学能够经得起时间的检验，在不久的未来融入人们的心中。

“新奇有趣”这一企业哲学起源自1971年，那时正值堀场制作所在大阪证券交易所上市。大阪证券交易所的董事长问我：“对了，你们企业的经营理念是什么呀？”

当时我对经营理念之类的东西丝毫不感兴趣，毕竟这些东西往往与企业的实际情况相去甚远，只是洋洋洒洒地被写下来的一些华丽辞藻罢了。一些企业根本不重视顾客，却把“顾客就是上帝”这句话写进经营理念中，真可谓自欺欺人。

把“心境”融入经营理念中

创业以来，我从未想过有关设计经营理念的事，于是便挺起胸膛说“我们企业没有所谓的经营理念”，没想到大阪证券交易所的董事长却是个颇有说服力的人。

“你的企业是做哪方面业务的，通过一些手段查询之后，便一目了然。可是，股东更想了解你们以何种哲学理念来经营企业。企业的内涵是无法通过外表看出来的。经营理念恰恰浓缩了企业的内涵，告诉别人‘我们是以这样的心境来经营企业的’。所以，我建议还是考虑一下企业经营理念为妙。”

原来如此！此番话犹如醍醐灌顶，让我恍然大悟，回去的途中顺便去了书店，购买了关于经营理念、企业文化等方面的图书。迄今为止，我对经营理念始终不屑一顾，方才领悟其价值，仔细琢磨，不仅觉得其耐人寻味，既有哲学方面的东西，也有从《论语》中借鉴而来的名人名言。

在企业各部门开展经营理念口号征集活动后，涌现出很多精彩的口号，例如“堀场，挑战技术的极限”等等。我从中挑选出最满意的五个口号，并对想出这些口号的员工给予奖励，还请他们吃了一顿大餐。我问道：“大家是怎么想出来这些口号的？”五人竟然均回答说：“是从经营理念、企业文化相关图书中摘录的，并适当做了修改。”原来大家还挺善于“因地制宜”的。

企业高管全员反对

看来，这方面还是需要自己亲自思考。于是，回顾自己平生以来做出出色业绩的时候，无一不是体会到了工作中的妙趣，沉浸其中，乐此不疲。如果全体员工都用这种精气神儿来努力工作，那么企业的发展必定会蒸蒸日上。没错！就用“新奇有趣”作为我们的企业哲学吧。

没想到，在高层会议上，没有一个人赞同我的想法。平时，如果我提议“这么做试试吧”，大家都会不约而同地回答“好的，社长，我们努力试一试”。这一次，我设想着大家的回答会同往常一样，可意想不到的是，现场竟然鸦雀无声。

“这是怎么了”，我边说边观察在场每一个人的表情，可大家却都不约而同地低下了头。我问了一下坐在我身边的下任社长候选人：“你怎么想，说来听听”，只见他面露难色，硬生生地从口中挤出了一句：“社长，您说的这个口号有点太……”

“‘新奇有趣’这句话，从工作的心理感受上，我们是赞同的，不过把它作为经营理念的话，的确让人感到莫名其妙。还是引用《论语》某一篇章中的语句，用一些意义明确的词语比较好，这样显得精神高尚且意味深长……”

其他的高管也接连响应，“我也是这么认为的”，反对的呼声越来越高。放在平时，大家都只是随声附和地表示同意我的观点，而今天却针锋相对，大家这是怎么了（笑）。负责产品运营方面的高管自言自语道：“一家生产精密仪器的企业，竟然倡导什么新奇有趣，这产品还能卖得出去吗？”

其实我也不是不理解他们的想法，用“诚心诚意”“顾客就是上帝”等标语也是可以的，但我在想为什么不能更进一步呢？我尽力说服大家，用一个和迄今为止截然不同的新想法来设计经营理念，这样才有堀场制作所的特色。

即使这样，双方还是站在平行线上，始终没有达成共识。因为经营理念一旦确定下来，是不可能轻易改变的，所以高管也一直坚持自己的立场。择日再谈仍是没有结果，就这样，在 1978 年迎来了堀场制作所成立 25 周年，早已选出的下任社长也该如期上任了。

高管们打算精心准备一场庆祝仪式，于是问我“怎么样庆祝才好呢”，我抓住这最后一次机会拜托他们，“不用特意庆祝了，只希望能把‘新奇有趣’作为我们企业的经营理念”。“您还真是够难缠的，就随您一次吧”，就这样，经营理念的问题终于得到了解决。从开始提出这一理念到最终决定采纳，历经了整整七年时间。

让时代与经营理念相吻合

制定经营理念的事情传开之后，不出所料，有些喜欢吹毛求疵的客户对我们说：“贵公司十分新奇有趣吗？我公司资金紧张，给我们一个低价位吧。”营销负责人一脸不屑的表情，好像在说“看吧，就是这个效果”。

也有人说“真是个有趣的经营理念”，但他们内心是如何想的，也就不得而知了。让我感觉到这个经营理念逐渐被社会理解，还是最近的事。从这一点也可以看出，社会在不断变化。

工作本来并不是一件让人疲惫的事情。将来总有一天脑力劳动会代替体力劳动，我之前也在公开场合表达过这样的观点。东京大学伊藤元重教授（研究生院经济学研究科教授）也曾经在日经新闻中做过如下的精彩表述。

工作这一词语本来可分为三种含义，即“劳动(labor)”“工作（work）”“玩（play）”。人们原本是运用身体进行劳动，在经济化发展之后，变成了运用知识和技能进行工作。在今后，日本人的工作必须要转变成艺术性的、创造性的“玩”。

我翘首以待的、新奇有趣的乐业时代终于要到来了。

好之者不如乐之者

孔子说过“好之者不如乐之者”。

如果员工闷闷不乐地工作，

那么公司就无法生产出优质产品。

“黑色企业[1]”成为一个社会问题，大家怎么看？说实话，我不相信工资低、压榨员工劳动的企业现在仍然存在。

只要能吃饱饭，干多少活都行——距离这个时代，已经过去了多少年？光阴似箭，“二战”结束到现在也有70年了。

碰巧前些日子，我重新翻读了当年的实验笔记，看到了当年自己的潦草字迹：“如果能让我就着伊势泽庵咸萝卜[2]，饱饱地吃上一顿米饭，让我做什么都愿意。”

“二战”结束后的一段时间内，日本国民过着食不果腹的生活。当时，我在实验室做实验，饥肠辘辘，现在想来真是让人怀念，不由得苦笑出来。

当时那个年代，由于贫穷，待遇跟不上是可以理解的。

[1] 在日本，通常将加班过度、身心负担过重、人才用而弃之等劳动环境恶劣的企业统称为“黑色企业”。

[2] 泽庵咸萝卜，日式酱菜的一种，用米糠和食盐将干萝卜腌制而成。

但是，在如今这个生活富裕的日本社会，把员工当成奴隶一样进行压榨的企业，怎么还能“屹立不倒”呢？这样的企业和企业经营者在当年的日本社会，就应该早已被驱逐出去了。

当然，在企业成长的过程中，也会有一阶段要“为难”员工，让员工加班加点工作。曾经的堀场制作所，员工也曾在没有加班费的情况下，平日里加班到半夜，或是休息日来加班。

但是，加班工作完全是自愿的，全凭员工对公司的认可。

共同的利害关系

“如果不努力工作的话，公司的业绩就不会增长。但是，如果按加班时间领取加班费的话，公司便会亏损。公司亏损了，就无法从银行获得融资。所以，我们不考虑加班费了，我们把工作放在第一位。”

经过我的几次解释后，员工普遍认识到了这一点。于是我把工作的盈利数额、贷款数额全部公开，告诉大家“如果大家咬紧牙关，努力工作的话，堀场制作所一定会有良好的发展”。

企业由资本、经营、劳动这三根支柱组成，三者各自发挥作用，企业才能赢利。我也经常强调说，三者相辅相成，企业才能得到利益回报。

后来，我引进了高度透明的分配制度，将产品附加价值的 60% 以上分配给员工，且这一制度沿用至今。

企业经营者与员工拥有共同利益，这是堀场制作所能够持续发展的重要原因。

其实很多所谓“黑色企业”也是情况各有不同。只要经营者可以秉持诚信向员工清楚解释不得不暂时需要降低工资的难处，我不但不会反对，还会表示支持。

但是，有些企业用花言巧语蒙骗员工，口口声声说经济不景气，以员工生活拮据换取企业经济效益。如果真把这种做法当成企业经营方针的话，那真是从根本上大错特错了。

给予员工自豪感

想让企业永久发展，除了持续生产出社会需要的产品外，别无其他方法。这一点可谓世人皆认同的真理。只不过，产品中应该蕴含着企业员工卓越的思想，这一点无比重要，只有这样的产品才能让客户满意。

如果员工不能自豪地认为“我们的工作给顾客和社会带来了幸福”，那么企业就无法生产出优质产品或提供优质服务。

“我所在公司的薪水很低，可是我也没有什么其他公司可以去，真是没办法”，如果员工就这样闷闷不乐地工作的话，我认为这家企业不可能生产出令顾客满意的产品。

堀场制作所在日本国内外拥有员工约 5800 人。如果有人问我：“按照您的观点来看，堀场制作所的全体员工都对企业很满意，充满自豪感地在工作吗？”这一点我也不敢保证。

但是，我为这一目标而努力着。虽然已经是这把年纪了，但每一天、每一次见到各个业务口的负责人，我都会对他们说，“我们企业必须采取这样的经营方式，不这样做就会行不通”，以此来督促他们认识到“新奇有趣”的重要性。

好之者不如乐之者

孔子在《论语》中说过这样一句话："知之者不如好之者，好之者不如乐之者。"（《论语·雍也第六》）

比起并不了解工作内容就埋头干活的员工，那些充分掌握了专业知识的员工则更受人青睐。但是，比起充分掌握了专业知识的员工，那些不仅对工作相关内容烂熟于心而且喜欢这份工作的员工则更胜一筹。

但是，比起喜欢工作的员工，那些因工作而欢欣雀跃、完全乐在其中的员工则再好不过了。这是我个人对《论语》中这句话的理解。

当一个人对工作真正乐在其中的时候，他便不再把工作当成工作来看了，恐怕孔子想表达的就是这样一个道理。在孔子生活的那个时代，苛刻的劳动想必还很多，但孔子敏锐地看穿了工作的本质以及人性的本质。

世上不会有人在觉得工作很痛苦的同时，还一心想努力工作。谁都想愉快地工作。对人内心的想法不闻不问而一味地追求眼前利益，这样的经营方针应该作古了。

一句“你辛苦了”，会让别人更辛苦

工作真的辛苦到需要人慰问“您辛苦了”吗?

越对员工说“你辛苦了”，员工越会感到辛苦。

工作结束后，日本人之间通常会说“你辛苦了”，可究竟为什么要这样说？难道真的很辛苦吗？如果是问“累了吗”还可以理解，可为什么直接就说“你辛苦了”？我觉得不应该擅自断言他人是否辛苦。

如果我对下属说“你辛苦了”，还可以理解，因为我的确让下属操心工作上的事情了。可是员工对我说“您辛苦了”，可就有些莫名其妙了。员工又没有给我布置工作任务，你甚至都不知道我一天具体做了哪些工作，凭什么断定我辛苦与否呢。实在是太不负责任了。

医学也解释不清

以前我只是把“你辛苦了”当作一句寒暄语，可上了年纪之后，愈加觉得这句话很刺耳，当面听到这句话时也会觉得心情不悦。正因为这个原因，从几年前开始，我规定一律不准对我说这句话。

当我从外面回到公司时,前台的女员工会对我寒暄道“您辛苦了”，我不让她这样打招呼了。如今则是我先说“我回来了”，那名女员工说“您回来啦”！这样才让人感觉到心情舒适。

工作结束了，走出公司的时候，我会对前台的女员工说“我出去了”。早上上班时说“我回来了”，傍晚下班时说“我走了”，对于我来说这样能让公司拥有家的气氛，显得格外温馨。

话说回来，这感觉好像是每天早上走出自己家时对妻子说“我出去了”，然后走进了另一所住宅。

所以，在工作中，我总是会感到心情很愉悦，从来不知道累。无论工作时是否心情愉悦，消耗的能量都是一样的，但是估计谁都曾经有过这样的体验，“感到愉悦时工作就不累”。按常理说，能量的消耗和疲劳程度是成正比的，可为什么会出现上述现象，还真是让人觉得不可思议。

这种现象还不限于在工作中。爱好体育的人，在运动后汗流浃背时会感到心情爽朗。假设这次运动消耗了 1000 卡路里的热量，那么如果让人双手提着重物同样消耗 1000 卡路里热量的话，此时感受到的疲劳程度是一样的吗？显然不一样。

同样，如果阅读一本很有趣的书，便会兴致勃勃地读到半夜两三点钟，丝毫感觉不到困意，一口气把书读完。不仅不困，如果不往下继续读了，反而睡不着觉了。相反，受人之托，读一本自己并不想读的书，便会觉得很累。

对时间的感觉上，也不尽相同。如果在和一个令人讨厌的家伙说话，很快就会感觉到“差不多该有 1 个小时了吧”，其实仅仅才过了 20 分钟。相反，和一个令人喜欢的伙伴在尽兴地喝酒，“兄弟，估计时间差不多就快到半夜 12 点了”，一看表，“天呐，原来已经半夜两点了”。

如果感到有兴趣，觉得有意思，就不会感觉到累，而且还会觉得时间过得飞快。这种现象在医学上无法解释，可在现实中确实存在。人的感受还真是奇妙。

一心想着在工作上如何创新，且乐此不疲的人，一定会得到上天的眷顾。越觉得有兴趣，便越不会觉得累；越觉得有兴趣，就越觉得乐在其中。这一点的重要性自不必说。

不要“安息日[1]”

我不知道“你辛苦了”这句短句的语源来自哪里，但我觉得这句短句的用法好像受到了欧美国家等基督教社会的影响。基督教的观点认为，工作是“苦”。的确，在产业革命发生之前，工作指的就是体力劳动。划船、拉车、磨面粉、耕地……所以才制定了禁止劳动的“安息日”，让劳动者休养身心、向神祈福。

以前我并不知道有这样的文化背景，那就是在“安息日”那天工作的话从宗教上来讲是一种罪恶，直到堀场制作所欧洲事务所出现了几次问题之后，我才注意到这一点。

日本职员在周日去公司上班，结果被人举报说“那家公

[1] 安息日，指犹太教、基督教规定停止一切工作去教会、教堂做礼拜的日子。犹太教从星期五的日落到星期六的日落，基督教则是星期天。

司连‘安息日’还让员工上班”，相当于日本劳动基准监察署的当地机构前来公司进行了调查。

员工自愿来公司加班，为什么还会引起不满呢？况且此人并不是普通员工，是公司担任管理职位的一名领导，他根据自己的业务情况，选择周末加班。

日本职员愤怒地喊道“我没有理由被你们批评”，没想到对方严厉地回答道“那就请你不要继续待在这个国家”。日本职员也一下子火了，于是双方你一言我一语吵得不可开交，可还是没有达成一致意见。

最终日本职员还是做出了让步，“入乡随俗吧，按你们说的那样做，但是你要知道，在日本这可是一种习惯。”

再多一些“独出心裁”

工作痛苦是以前那个时代才有的事情，如今这个时代，做什么工作都要“独出心裁”。

如果想到了能够愉快工作的见解或是找到了让人愉快的

工作方法，工作上别说痛苦了，连续工作几十个小时也不是不可能。二十几岁至六十几岁是人生最重要的时候。有的人为了周末出去玩，才在平日闷闷不乐地工作挣钱，为了余生能够快乐生活，目前暂且忍一忍，才不得不去工作。相反，有的人每天都过得充实、快乐，拥有积极向上的人生态度，这两种人相比较，简直就好比 0 和 100，存在着天壤之别。

曾有企业经营者说过："难道谁会在如此残酷的时代享受工作吗？"其实不能做到享受工作，不过是因为在工作上"独出心裁"做得还不够。如果一生都被别人寒暄道"你辛苦了"，至少我自己对此是忍无可忍的。

时代变了，经营方式也变了

曾经我相信任何事情都可以用逻辑学来解决。

当我体会到人类的神秘之后，我改变了自己的观点。

“新奇有趣”正是从这一转变开始的。

无论是谁，在一生当中都会有迎来转机的时候。开诚布公地说，在年轻的时候，我并没有“新奇有趣”地做好工作这一想法，不仅如此，我有着完全与之相反的想法。

那时我在大学里研究物理学，我坚信不疑地认为世上任何事都能够运用逻辑学来解决。只要计算出正确的“方程式”，无论是经济问题还是任何别的问题，都可以利用逻辑学来完美地解决。我还嘲笑学文科的人真是愚笨，把人际关系想得过于复杂了。

时代变了，想法也应改变

我颠覆了自我想法，是在 1960 年开始学习医学之后。我在鼓励员工“进一步深入研究，争取获得博士称号”之前，自己也决心在新的领域开始钻研，力争取得博士学位。

在此之前，我以为医生知道关于人身体的一切事情。可是，入了医学之门之后才知道，医生虽知道人的各个部位有什么功能，可完全不理解各个部位为什么会存在、是怎样工作的。医学只是靠现象论才成立的。

这是为什么？怎么会这样？完全没有逻辑可言，这令我万分诧异。

因为按照逻辑无法解释，所以很多时候医学与常识不同。记得在我上高中时，经常打橄榄球，在盛夏炎热的一天，中场休息时我正要喝水，却被吼声制止，“这样反而会筋疲力尽”。可如今是什么情况呢？情况已经改变了，教练会说“补充些水分吧”。

前不久，我膝盖骨骨折时，大发了一顿脾气。骨折的第二天，我的腿部装上了医疗器械，由医生来帮助我进行腿部活动。早在70年前，我的另一侧膝盖骨骨折时，腿上打了三周石膏进行固定，还得把腿吊起来，我去询问这两次骨折的治疗方法为何差异会如此之大，医生只回答了一句“时代变了”。时代是什么？“从前那种方法是好的，可是由于这样那样种种理由证明目前的治疗方法更佳”，如果医生这样对我解释的话，我还可以认同，可既然医生也毫无根据，拜托请不要把治疗方法来个 180 度大转弯。

对工作乐此不疲，离成功才最近

科学对人束手无策，无论运用多么先进的知识和尖端的技术，也造不出一个人来。iPS 细胞也是基于人体原有细胞的基础上才能发挥作用如果全部从零开始，我们连一个细胞也造不出来。

和别人初次见面，5 秒钟就可大体知道“这人稍微有点奇怪呀”。可无论人脸识别技术有多么先进，也无法用电脑技术来认定人的性格。

人们虽相信科学，可某些关于生命的问题，科学的确起不到作用。相反，这也证明了人类的身体是多么奇妙。于是，我终于颠覆了自我观念，人类社会的许多事情是逻辑学无法解决的。时间如白驹过隙，此时，我已成为企业经营者大概

10年了。

之前的我仿佛一直在不顾一切地急速奔跑，突然停下后，发现公司规模也大了，我的存在也能够影响更多人了。既然人的能力是无限的，那么我就要彻底挖掘出这无限的可能性，用于企业经营。我心意已决。

回顾我自己的工作经历，有所创新并取得成果的时候，一定是对工作乐此不疲的时候。这是什么原因呢？虽然逻辑学无法解释，不过，如果我能够打造一个让员工"乐业"的企业，员工一定能够在工作中各自充分发挥其所长。就这样，"新奇有趣"这一企业哲学的雏形就形成了。

你永远不知道，你的极限在哪里

人类具有克服残酷环境变化的高度适应性。

正因为具备这一能力，人类社会才能繁荣起来。

人类真正的极限，远远超乎想象。

在地球的生物界中，为什么人类能够长期占据统治者的地位？

想必 90% 的人会说，“因为人类拥有智慧”。我也不否认这一点，但我认为最主要的理由是在大型动物中人类是最强的，人类对于环境的变化表现出了极强的适应性。

卡路里不足，未必没有精气神儿

根据“二战”末期至“二战”结束后我自己写下的笔记，我详细地记录了每天的食谱，但怎么看都觉得每天摄取的热量只有 1200 至 1300 大卡。一般来说，成年人每天摄取的热量应该达到 2000 大卡，所以我当时的摄取量是远远不够的。

即使这样我非但没有骨瘦如柴，反而还精神饱满地到处跑来跑去。像如今，年轻人去吃一顿烤肉，一天摄入的热量便能达到 5000 大卡。

连续一段时间，如果摄入的卡路里远远低于标准水平，或是远远高出标准水平，若是狗或猫的话，就无法生存了，但是，人还是能够活蹦乱跳的，活得很好。

如果体内只摄取 1200 大卡的热量，新陈代谢的速度会迅速下降，能量消耗也会受到最大程度的限制，这就好比汽车在空转。大量摄入食物后，新陈代谢速度会提高上来，卡路里也会随之消耗。

人类对海拔和气温变化的适应能力很强，能够潜入地下 1 千米去挖煤炭，能够在不使用氧气瓶的状态下登顶将近 9 千米的珠穆朗玛峰。身穿防寒服便能够抵御零下 50 摄氏度的低温，相反也能在 50 摄氏度的高温下生存。在大型动物中，没有比人类对环境变化的适应能力更强的了。

人类真正的恐慌只有两种

大家是否知道人类具有如此强大的适应性呢？请务必挑战一下自己的极限到底在哪里。虽然在达到极限的那一瞬间会感觉到很痛苦，但是从此之后会在内心拥有一个从容不迫的态度——“这点程度不在话下”。

我年轻的时候，连续三个晚上熬夜都毫不在乎。比如说，在做电容器动作试验的时候，由于当时还没有数据记录仪，所以我只能用双眼一直盯着。

让我苦恼的是，机器长时间连续运转时，偶尔会出现异常。我需要找出导致故障的环节并做出适当的处理。

我双眼紧紧盯住电容器，等着那一瞬的到来，可昏昏睡意袭来，每次只要我一闭眼，就一定会错过观察的时机。设备又不是生物，白天黑夜对它来说都没有关系，可为什么事故总是偏偏在我不小心睡着时发生。

就在这时，我鼓起干劲，三天三夜未合眼，一直对着电容器观察，终于探究出了其中的原因。这次经验让我信心倍增，它让我知道“我竟然有这么大的能量”。

正因为我们那个年代的人没有被上天眷顾，所以有时才有机会接近人类极限。我认为，人类真正的恐慌只有两种：一种是，当人不想死，却要被杀死的时候。例如，在爆炸袭击时，明明不想死，却感觉到自己可能就要死去，这一瞬间是最恐怖的。另一种是，从今晚起就没有吃的了，这是另一种恐慌。

话到此处,有人不禁会说道“堀场先生当年很不容易呀”，可是，没有经历过当时那种恐慌的人，不会明白那种感受。如今的生活早已衣食无忧，而我还没有忘记那种恐慌，是因为我曾亲身体验过生与死之间的那种极限。而这种体验也确实给我带来了自信。

所以，如果有机会，当今时代的人还是应该努力争取。无论是智力还是体力，都尝试着努力达到极限，了解自己真正的极限。

1美元兑换2日元也并不恐怖

有关汇率的问题，对于我来说，无论是1美元兑换成2日元，还是500日元，其实都不算什么。

当我开始懂事时，按照当时的汇率1美元能兑换2日元。二战结束后，我成立了公司，刚来美国时，1美元可兑换360日元。但是，那是官方汇率。美元紧俏的时候很难搞到手，在黑市1美元能兑换500日元。

1973年实施浮动汇率制，日元开始逐渐升值。汽车排气测量仪向国外出口，销量极其乐观，可公司的会计脸色铁青地对我说："社长，如果1美元兑换250日元的话，公司可就要倒闭了。"

无论汇率变成1美元兑换200日元、150日元，还是100日元，公司都不会倒闭。我是这样认为的，按照成本竞争的角度来看，日元汇率越低，我们赚得越多。不过，当汇率反弹到1美元兑换120日元时，获利也并不是特别大。

日元汇率高时，就制定相应的对策，日元汇率低时，又做出相应的调整。人真的是一种不管环境好坏都能适应的动物。

所以，即使遇到天大的困难，只要努力，总会有办法。相反，如果越来越多的人不能够努力达到极限状态，人的适应性就会逐渐减弱。也许，这也可以说是人类的一种危机。

愉快地工作，便能发现诱人的“青鸟[1]”

你会意想不到地发现，新的机遇，其实近在咫尺。

[1]《青鸟》为童话剧名，比利时作家梅特林克作，一部幻想性的象征主义作品，描写蒂蒂尔和米蒂尔兄妹追求幸福鸟的故事。之后，常用“青鸟”代指自己身边存在但没被注意的幸福。

很久以前，有这样一件事。倘若使用堀场制作所生产的气体分析器测算气体的浓度，就要将红外线照射在气体样本上，以气体的吸收率为基础进行测算。如果高速测量低浓度气体的话，必须提高光学反射效率，因此需要精湛的镀金技术。

所以，为了寻找最精湛的镀金技术，堀场制作所的员工把全世界找了个遍，在美国、欧洲等地到处寻找。无奈，还是没有找到合适的，垂头丧气地回到了日本，可没承想，此时有消息传来，东京某商社就拥有极其精湛的镀金技术。

镀金佛具令人瞠目结舌

匆忙前去拜访后，我发现那里的镀金水平的确让人无可挑剔。我兴高采烈地问道：“这技术活是在哪里做的？”可对方却冷冷地回答道："企业机密，无可奉告。"

"不知道是什么工厂生产的，就算产品再好，我也不会购买。"说着，我正要起身离开，没想到对方却说："真是拿你没办法。"便告诉了我这是哪家工厂生产的。

"到底是东京哪里的工厂生产的呢？""那家工厂不在东京，在堀场先生的老家——京都。"什么？居然在京都！京都竟然有这么优秀的、能够制作镀金工艺的工厂，真可谓踏破铁鞋无觅处，得来全不费功夫呀。

可是让我真正惊讶的事情，才刚刚开始。

拜访工厂那天，我和商社负责人约好了一起从京都车站出发去往那家工厂，"在前边拐一下""在下个信号灯那里左拐"，我按照他的引导开着车，没想到竟然奔向了堀场制作所的方向。停车以后发现，原来是堀场制作所附近的一家小工厂。

"到了。"

那里是一家给佛具做镀金的工厂，佛坛的装饰的确需要精湛的镀金工艺。可是，在此之前，我武断地认为像分析器这种光学方面的镀金，与佛坛那种镀金完全不是一回事，所以根本没有考虑过佛坛镀金。

实际上，这家佛具店在生产管理方面还不是很完善，在工厂被视为有毒物质的镀金液，在这里，工人甚至拿舌头舔，来确认其状态。可是，镀金工艺确实货真价实。我决定对这里的生产管理进行一些指导，让这里符合堀场制作所的标准，于是，皆大欢喜，理想的镀金技术环节就这样找到了解决办法。

真没有想到，找遍了全世界都没找到的技术，竟然在这么近的地方找到了。不过我并不认为，漂洋过海地去国外寻找技术是一种损失。恰恰是因为我们之前拼命寻找了，最终才会与“青鸟”不期而遇。

“产业合作”发挥成效

在日本，很多意想不到的技术在意想不到的地方沉睡着，如果能把它们巧妙地结合起来，一定会发挥出意想不到的成效。人们经常说产学合作[1]，可我却认为，比起产学合作，

[1] 产学合作，产业界与大学合作。

产业合作更能发挥成效。

当然，大学里有许多有才能的大学教师；相反，也有许多大学教师只是一味地研读学术期刊，而对社会上这些企业的最新技术动态置若罔闻。有些大学教师会故步自封地认为“大学里的研究水平比社会上的研究水平高”，可其实他们已经落伍了。

例如，以前有一名大学教授，曾自鸣得意地说：“我们正在研究一项尖端技术，马上就要完成了，低价卖给堀场先生，怎么样？”但是，问过那项技术的内容后，我却不禁感到悲哀。

我回答：“教授，这项技术的难关我们早在三年前就攻克了。”当我这样告诉他后，他却根本不相信，反问道：“不可能吧！”我便带他参观了我们的生产现场，于是他才瞪大了眼睛，恍然大悟：“你们竟然已经对这么尖端的技术做了研究！”拜托教授，您“饶了”我们吧……

大学的数量是有限的，而企业的数量则多如牛毛，如果想做到产业合作，敏锐的信息搜索能力不可或缺。

善于搜集信息的人，平时注意观察、勤于思考，且思维敏锐度极高。无论看报纸、听广播，还是去听演讲，只要接触到耳目一新的事物，立即就会灵机一动地思考“说不定，这和我们的研究有关系”。

于是开始坐立不安，一边立刻查阅文献资料，一边追根溯源地查找信息出处，向相关人士仔细询问“这件事是怎么回事”。其实，信息搜集能力是对工作充满热情的一种证明。

那么，怎样才能让员工平时注意观察、勤于思考呢？其实，能够“新奇有趣”地工作就可以了。如果员工对工作感兴趣，那么对知识的渴望便会增加。这就好比面对抱有好感的异性朋友，我们想更深入地了解对方一样，如果从心底对工作感兴趣的话，员工自然而然地会开始行动，想着“有没有其他的方法能够应用此技术”，接连不断地更新相关信息。

不管上层领导怎样说“多搜集一些信息”，只要员工认为工作无聊，便会在网上随便检索一些信息，草草了事。搜集信息这种欲望是从员工身上由内而生的，因此，无论从外面怎样督促，这种欲望都不会由外而内地渗透到心底。

正如我在堀场制作所附近发现了精湛的镀金技术，促使公司发展的“青鸟”不在远处，反而就在身边，有时甚至就在公司内部。但是，在一些公司里，员工们了无生气地做着手头上的工作，那么，在这样的公司中，“青鸟”的存在也许就被忽视了。

其实，信息搜集能力的关键还是在“新奇有趣”之中。

你的公司需要一首团体之歌

国内外的堀场集团制作了企业歌曲。

不论是日本人还是外国人都没有太大差异。

最重要的意义是“我们是堀场人”。

堀场制作所于1963年成立，于2013年迎来了成立60周年。好不容易迎来了这样一个有意义的日子，做些什么留作纪念吧。于是，诞生了团体之歌，也就是堀场集团的企业之歌。

“Joy & Fun”

在此之前堀场制作所虽然有企业之歌，可是堀场集团日本国内的3所公司、国外的34所公司却都没有企业之歌。堀场集团常常自称为“同一个集体”，那么，不如谱写一曲共同的团队之歌吧。

企业之歌也包含在国外的企业法人在内，所以还是用世界共通语言——英语来创作比较好。可如果只是将堀场制作所的企业之歌翻译成英语，也不太合适。

因此，我们请青年音乐家作词作曲，谱写了一首崭新的歌曲《Joy & Fun》。当然，歌名《Joy & Fun》是从“新奇有趣”中得来的。

向大家介绍一下歌曲的副歌部分：

Joy & Fun，tomorrow’s a new day
I’ll be there by your side
In search of brighter days
We are one,oh cannot be replaced
And facing each other
So we’re there for the world

怎么样，挺不错的吧。员工中，无论是日本员工，还是堀场中国公司、韩国公司的员工，大家都用英语来唱。

不过，仔细想来，提倡企业之歌这种文化的地方就属日本了，外国企业基本上不多。我担心外国员工会嫌弃这样做，没想到，在京都召开的纪念仪式上，外国干部们饶有兴致地唱着这首歌曲。

不管怎么说，大家都是“Horibarian[1]”。

每个人都是“堀场人”

Horibarian是什么意思？听起来也许有点像怪兽的名字，其实这个名字指的是在堀场集团工作的“堀场人”。从半个世纪以前，就一直这么称呼。

比起“堀场集团的员工”，自称“堀场人”让人觉得更自然随和，体现集体意识。其他公司写着“无关人员禁止入内”的地方，我们公司写的是“非堀场人禁止入内”。看到这样的标语，估计外部人员会稍感到害怕而不敢入内。

当然，外国员工也是“堀场人”。在法国南部的蒙彼利埃市，有堀场集团旗下专门生产医疗器材的堀场ABX公司。以前，京都府知事[2]访问蒙彼利埃市所在的朗格多克－鲁西永大区签署友好宣言的时候，也莅临了当地的堀场工厂。

[1] Horiba为堀场的英译名称，Horibarian即堀场人。

[2] 知事，即统辖和代表日本都、道、府、县的长官。

一名法国员工向知事打招呼时，自我介绍道“我是‘堀场人’某某”。紧接着，下一名员工，再下一名也这么自称。知事感到十分惊讶，回国后与我见面时，跟我说了这件事情。

“我明白‘堀场人’就是堀场的员工。可是，你是如何教育法国员工，让他们以这种方式自称的呢？外国人应该很讨厌诸如个人归属于企业这样的想法吧。”

我并没有直接去问过法国员工这其中的原因，但我认为，应该是因为对堀场的工作乐在其中。一提起堀场制作所的企业文化是“Joy & Fun”，外国员工都会充满好奇心地说：“这真是让人太兴奋了！”他们两眼放光，比日本人都激动。

评 述

谁都不是被强制工作的，都是按照自我意愿，因享受工作而工作。堀场集团尊重员工的欲望，并不是一味地严格追求每个人的劳动生产率。与之相反，倒是有这样一种架势——“工作不开心的员工，请辞职吧。”

这一点可能和拥有较强自我意识的外国人比较相吻合。也许是企业经营方针起了作用，法国分公司聚集了很多有个性的员工。在法国分公司，有四分之一的法国开发人员是博士。

正因为他们十分享受在堀场集团的工作，才能高兴地跟别人说“我们是‘堀场人’”。他们欢欣鼓舞地唱着团体之歌，将公司徽章别在胸前。这样一比较，明显是日本员工的徽章佩戴率更低。

不是因为谁伟大，而是在堀场集团工作的人都是“堀场人”。恰恰是“新奇有趣”这一企业哲学，创造了大家的“世界市民”意识。

这一企业哲学是在 1978 年制定的。在那个年代，很多企业星期六只休息半天，工会也为了实行双休日制而奋斗着。但是社会上普遍认为，如果想拥有幸福的生活，必须从劳动上减轻负荷，可堀场先生却主张“工作本来就是快乐的，员工工作越快乐，公司的收益就越大”，这样一种与当时社会主流思想对立的价值观。

平时一向不提反对意见的企业高管们，此时竟然不约而同地站出来表示极力反对。从这样一件逸事中便可以看出，“新奇有趣”和那个年代的时代价值观大相径庭。

现如今，听到“享受工作”这一观点，人们并不会感到奇怪，可当初却完全不是这样。如果要问从什么时候开始日本人萌生了享受工作这一想法的话，恐怕要追溯到 2000 年左右了吧。

在 2000 年即将到来之际，山一证券、日本长期信用银行等企业相继破产，金融危机爆发。各个企业的经营状况普遍很低迷。日本经济迎来了真正的拐点，同时日本的企业经营也进入了前所未有的转折期。

以年功序列制为主的用人体系受到了严重质疑，企业经营者认为企业保持竞争机制才能增强活力，普遍推崇成果主义。但是，只注重眼前利益的经营方法很快就行不通了。

这时，企业经营者才意识到，要想让员工最大限度地发挥能力，不能靠眼前利益的驱使，而是必须要激发出员工心中的能量。员工们也早已受够了像马拉车那样的强制劳动，希望能够拥有人性化的工作方式。怎样才能让员工愉快地工作，企业经营者应为此而完善企业机制。这才是企业经营所面临的首要问题。

这其实就是早在30多年前堀场先生就倡导的“新奇有趣”企业哲学。时代终于追赶上了堀场先生的步伐。

当下，越来越多的企业经营者在试图让员工享受工作。

例如，总部位于神奈川县镰仓市的网络公司“有趣法人（CAYAC）”，正如公司名称一样，公司设计出台了多种令人耳目一新的人事制度，竭力打造能够让员工“乐业”

的工作环境。CAYAC 的董事长、CEO 柳泽大辅先生在 1998 年创业时，周围人经常教导他，“哪有什么享受工作之类的事情,以这种工作理念来治理公司,公司怎么能经营得下去”。周围人的反应，与 1978 年堀场先生把企业哲学制定为“新奇有趣”时的情形如出一辙，想想真是很有意思。

当然，堀场制作所于 1971 年上市，1992 年堀场先生登上了《日本经济新闻》的“我的履历表”专栏。鉴于此，人们对堀场制作所这家公司,并且对堀场雅夫这位企业经营者，历来就有好评。

但是，有很多观点认为“新奇有趣”这一企业哲学“不走寻常路，广泛应用的可能性较低”。让人敬佩的是，面对世人的评论，堀场先生毫不动摇，几十年来以惊人的魄力坚持着自己的信念。

堀场先生对于自身经营方式的信心从何而来呢？想必他充分理解并深入研究了企业经营的应有之道。他的父亲是化学专家，而他本人原本立志要成为物理学专家，所以，他更擅长从根源上研究企业经营的方法原理。这也是为什么他总是喜欢把“企业由资本、经营、劳动这三要素组成。”挂在嘴边的原因。

资本、经营、劳动，必须相互平衡。他强调，三者各有各的作用，必须平均地“分配利益”，企业才能有所发展。这是资本主义的原理，但是能将眼前的这一原理应用到实际经营中的人却很少。

对于这样的堀场先生来说，没有比黑色企业更不能让他容忍的了吧。以榨取员工劳动的方式来维持经营已经是近代社会的事情了，而且还背离了资本、经营、劳动三权分立的概念。“绝不能以榨取劳动的方式来换取利益”——当被问到对于黑色企业的看法时，堀场先生一改和蔼慈祥的表情，立刻变得怒发冲冠，不禁让人背后冒凉风。

“新奇有趣”这一企业哲学，和黑色企业的做法恰恰相反，但也并不是追求安逸的员工至上主义。这一企业哲学并不是让经营者为了员工而做出牺牲，而是以经营者和员工皆大欢喜为前提。

这种高度合理的经营理念，在国外也倍受青睐。堀场制作所1400亿日元的销售总额中，在日本市场的销售额只占35%，在日本以外亚洲市场的销售额占23%，美国占18%，欧洲占 24%（均以 2013 年 12 月数据为准）。堀场集团的员工中，外国人占一半以上，而“新奇有趣”这一企业哲学受到了广大员工的大力支持。

经常有许多观点批判日本经济的特殊性、落后性，实际上日本经济并没有那么糟糕。至少“Joy & Fun”已经开始成为国际标准之一。

（《日经 Top Leader》副总编 北方雅人。以下评述同）

第二章 新奇有趣的方法论 员工篇

想要涨工资，就提升你的附加值

根据劳动时间来支付工资的年代已经结束了，你提供的附加值越多，你的工资也越高。

堀场制作所开始全面启用每周双休制是在1973年，这在日本社会中是比较早的。让员工得到充分休息，养精蓄锐，更有益于工作。既然这样，讨论一下每周三休制吧。

怎样才能在保证生产效率的前提下，实施每周三休制呢？最终想出的解决方案是在滋贺县工厂旁建员工宿舍，缩短通勤时间。

每周三休制的公司最聪明

虽然比不上东京，但在京都，上班族们也需要乘坐电车、公交车、私家车等交通工具，在上下班路上耗费很长时间。堀场制作所中，有的员工上下班通勤时间一共需要3小时之久。为了在公司工作8小时，上下班路上便不得不浪费3小时。仔细想一想，这样的确很不划算。

每年工作 250 天的话，路上就浪费了 750 小时。如果充分利用这 750 小时，什么知识技能都能学会了。即使是用 750 小时来学习外语，那么也能达到掌握基本日常对话的水平了。如果每年能学习一项技能，那么工作 40 年的话，就浪费了学习 40 项技能的时间。

因此，要缩短工作地点和住所的距离。如果工厂的旁边就是宿舍的话，上下班通勤时间就大幅度减少了。

这样一来，每天工作的时间就可以从 8 小时增加到 10 小时。这种做法只是将通勤上所消耗的精力转移并应用到工作上，所以并未增加劳动强度。1 周的工作时间为“10 小时 ×4 天”，即 40 小时，这和“8 小时 ×5 天”是一样的。我当时认为，用这种方法的话，能实现每周三休制。已经结婚生子的员工，可以在周四晚上回到家中，周五、周六、周日三连休，可以和家人一起共享美好的周末时光。其中，有人不想 3 天都回家陪伴家人。于是，我脑海中又闪现出了新点子，设立了“每周一日轮岗”的制度。这一天，负责开发工作的员工去做销售工作，负责销售的员工去做设计和实验，类似这样，仅每周五这一天，员工们在公司体验着与平日不同的工作内容。这样，员工的视野不仅变得更加开阔，而且每月还能得到10万日元的补助。当然，这超出了每周40小时的工作时间，是否周五来工作完全根据个人意愿。

公司要的是高质量的创造性劳动

当我按照这一构想建立工时制度后，劳动局的人前来进行干涉。“日本劳动基准法规定，劳动时间每日不得超过8小时，每周不得超过40小时。公司建立工作制度不得超出这一时间范围。”

我与厚生劳动省的观点截然相反。他们认为“工作是件辛苦的事情，尽量减少劳动时间对劳动者来说是有利的。所以，我们要监督企业是不是遵守‘每日8小时、每周40小时’的工作制度”。但是，如此拘泥于时间其实并不科学合理。当我接受相关的劳动研究会调查时，我这样争辩，表达了观点。

“女工哀史时代另当别论，现代大部分劳动，其劳动时间和劳动产生的附加价值并不成正比。社会越高度发展，这一倾向越明显。”

但是，我并没有得到研究会成员的理解。“工作新奇有趣？堀场先生的公司是生产测量仪的吧。那请您一定生产一台能够测量工作是否有趣的测量仪吧”，就这样，我被赶了出去，再也没被叫回来接受调查。

恰巧，现在政府正在研讨“零加班费方案”，与此同时，也有观点说“长时间劳动会随之增加”。可在我看来，这一观点也是不合理的。以前，社会应该避免残酷驱使劳动者的行为，但如今这个年代，加班这一概念已经逐渐和工作实际情况不相符了。

企业向员工寻求的并不是劳动时间，而是高质量的创造性劳动。

这种高质量的创造性劳动并不是加班加点就能做出来的，而是员工在工作中感到身心愉悦，感到工作有意义，才能实现创造性劳动。如果有企业还一直认为工作是痛苦的，那么这样的企业终将会倒闭。

不要看基本工资，而要看公司总额

堀场制作所当然依法支付加班费，但是员工们并不看重眼前的加班费。这是为什么呢？因为员工们都清楚地理解堀场制作所的工资体系。

堀场制作所早在 1974 年就规定了，将工作所产生的附加价值 60% 以上作为工资分配给员工。经营者想要的是员工劳动所带来的附加价值，所以堀场制作所明确规定将附加价值 60% 以上分配给员工，计入工资中。总额一定，员工如果想增加自己的劳动所得，就需要在人数尽量少的情况下，尽量提高劳动生产率。

比起要求提高加班费，这种方法才是捷径。举个极端的例子，如果一名员工仅凭一己之力把公司的工作都完成了，那么作为报酬，这名员工将独享所产生附加价值 60% 的份额。这就好比有一张饼，是要 3 个人来分着吃，还是 5 个人来分着吃更好，道理是一样的，其实就是一道简单的小学算术题。

实际上，实施这一制度后，一直以来抱怨“人手不够”的现象悄然消失了。“你部门人手不够吧？”“够，我们想以现在的人手努力试试。”如对话一样，员工在想法上的变化很明显。

我相信有相当一部分员工认为，工资就像天上下雨会凭空而降，所以希望企业经营者们一定要向员工强调：“你们工作所产生的附加价值正是工资的来源。”那么，用什么样的方法制订工资总额呢？我们来看一下整体的框架。

要向员工公布公司财务信息。堀场制作所随时向员工报告公司的经营状况。包括我在内，所有高管的工资都是公开的。也许有员工会不满，认为高管“拿得太多”，可这却比员工疑神疑鬼地暗自猜测“我们社长应该拿了不少钱吧”要强得多。

企业只有将经营方法转变为适应当代劳动实质变化的新经营方法，才能使员工觉得工作“新奇有趣”。

对员工不要负面评价

请无视员工的失败与缺点，这样员工才能茁壮成长，企业才能获得更多利益。

有时我也站在员工的角度反过来思考，在员工看来，他们感到最没趣的是什么呢?

每个人的观点可能不尽相同，但最值得注意的就是工作考核制度问题。虽然跟大企业相比，中小企业的工资水平要低一些，但实际上并不是工资本身的问题。“为什么他的能力不如我，但拿的工资却比我多?”员工一旦有这样的不满，工作就一下子变得没有干劲儿了。

我认为，带来这种不公平感的原因是负面评价。

“如数家珍”地说着失败经历

每个企业都想得到执行力强的人才。可是，每当考评下属的时候，领导往往只看到下属的缺点。

我还在当社长的时候，经常会带着员工去拜访客户。那时我会感慨道“这名员工很能干呀”，想看看他是不是很快就能升职，结果并没有。

于是我问他的领导：“我知道那名员工，工作上很能干，怎么没升职呀？”对方便回答“实际上是这样的……”，于是开始“如数家珍”地说着这名员工一件又一件失败的事情。真的是“口若悬河”，说起来滔滔不绝。

我指出“前些日子他可是拿下了大订单呀”，他的领导便开始打岔“那次还算说得过去吧，赶上了好机会”，于是又开始滔滔不绝地说着那名员工做失败的其他事情。这种管理人员真可谓阻碍了下属的发展。

以前还有这样一件事。有一名员工，工作能力很强，但是组织协调能力不足。有一次我和他一起出门时，出了很多状况，比如，忘记了安排车辆，按照旧的列车时刻表在车站等车，结果白等了一场，等等。回到公司后，我开玩笑说：“那家伙有点儿呆。”

那时，这件事就这么结束了，没想到几年以后看工作考核报表的时候，发现那名员工升职为课长的时间，比和他同期入职的人要晚一些。我问他的领导："他工作能力不错，怎么升职比别人慢呢？"他的领导却回答："这人有问题，社长您都说过他有点儿呆。"

原来这样啊，可我当时不是说他真的呆。他工作能力很强，只是在组织协调方面有点愣头愣脑。我本意只是想开个玩笑，结果在场的人却把这句玩笑话当真了，而且还一直记着没忘。

一般来说，人们对他人积极的一面和消极的一面，哪个会印象更加深刻呢？其实是消极的一面更让人印象深刻。这一点也许是人的天性吧。我的妻子也是只记得我消极的一面，对于那些我做过的很光彩的事情，她一点儿都不记得了，而且还振振有词地说"做这些都是你应该的嘛"。可对于那些几十年前的糗事，她却记得一清二楚，仿佛就发生在昨天，"瞧你做的那些蠢事！"

正面评价也要“算计”好

当我在堀场制作所开始当会长的时候，我取消了工作考核制度中记载员工工作失误和能力欠缺等负面评价的那一栏。而是只记载正面评价，例如，员工想到了什么新主意，多么积极努力地采取行动等等。

员工本来就各有各的工作风格，且擅长领域不同。直视员工积极的一面，并激发员工充分发挥其优势，这样员工本人才能充满干劲儿，企业才能获得利益。而且，员工对考评的抱怨和不满也消失不见了。

这种做法并不是说要秉着崇高的精神、从员工的职业生涯等角度来考虑。如果只盯着员工的失败和缺点而耽误了员工发挥才能，对于公司来说是一种人才浪费。我曾并不是很恰当地说过，这个想法的出发点是“算计”着要提高员工的利用价值。

虽然记载员工负面评价的一栏取消了，可是一些领导在空白处，还是密密麻麻地写满了员工做失败的事。仿佛在说

“无论如何你得让我说这一句”，真不明白有必要做到这一步吗。

批评教育是为了避免重蹈覆辙

大家不要误解，虽然我说不做负面评价，但并不是说要任由员工失败。下属失败了，应该好好地批评教育，不能对所有的失败都“宽宏大量”。

失败了，却没有受到批评教育，那么人就会重蹈覆辙。要严厉批评道：“下次你可要记住啦！”只不过，不要把这些批评反映在对员工的工作考核中，这样员工才能保持紧张感，继续向新的任务发起挑战。

在大企业，比起勇于挑战的人，那些循规蹈矩的人更容易有机会出人头地。“那家伙什么也没做”，被这样评价的人最终当上了社长，大肆活跃、充满朝气的人却最终被调配到了分公司、子公司。但是，像如今这个信息不再闭塞的时代，考核加分制度是至关重要的。乍一看不可能完成的任务，如果大家齐心协力，各自发挥其所长的话，也许会轻松地攻克难关。

采用考核加分制度，员工的心理就会发生变化。堀场制作所也改变了考核体制，公司内的工作气氛变得更加积极上进。具有这样挑战精神的团队，是最强有力的。

如果爱护员工，就请多多批评他

在没有激情的团队中，工作的满足感很弱。

批评也是爱护的一种表现。通过批评教育，员工的工作方法才会改变。

有一次，我来到公司后，发现大厅里有一名员工有些散漫，态度也不好，于是我大声吼道："你能不能精神点儿！"于是，前台的女员工赶忙来到我身边，从后边轻轻拽着我的衣服说："这位是客人。"

我好久没有这么慌张了，不过感觉这张脸的确很像我们公司的员工。那人有点丈二和尚摸不着头脑，而我则不停地鞠躬，赶紧跟对方道歉"实在对不起"，之后就匆忙地进了电梯。

还有一天，看见大厅里有客人，我上前打招呼，"早上好"，于是前台的女员工又赶紧过来告诉我："这是我们公司的员工。"当员工人数还是100人时，别说员工本人了，就连员工的妻子和孩子长什么样，我都能记得住。员工人数增多了，我就记不住了。

批评教育是社长的义务

当社长时我经常训斥员工。有时甚至随手就扔手边的东西。扔过玻璃烟灰缸，撞到墙上，碎片散落一地。从此之后，公司的烟灰缸就换成铝制的了。

有一次在产品开发研讨会上，有名员工喋喋不休地追问“为什么不可以”，我恼羞成怒，顺手抓起旁边的金属椅子扔了过去。渐渐地，员工就尽量不在我身边放置物品。给我上茶的时候，也是当我喝完后，立即就将茶具撤下去。

但是，批评教育犯错的员工是社长和上司的义务。最近，越来越多的上司不愿批评教育员工，这样是不行的。

我认为这是一个严肃的问题，从员工工作职责的角度来看，理所应当做的事情，可是员工却没有做。不履行责任和权利是不合适的。如果出现这种情况的话，我就会把对方叫到我的办公室，一对一进行训斥。

训斥之前我一定用一两个小时拼命地思考，应该批评到什么程度，举出什么例子对方才能理解呢。批评过度，对方会意志消沉，批评得不够，对方便不会吸取教训，所以我也需要认真思考。

批评的时间最多 5 分钟。批评之后，我也会仔细反省 1 个小时，是不是说得过重了，或者是不是说得再深入点儿，对方才能明白。

为了批评教育员工的那 5 分钟，我前后一共需要花上两三个小时，所以还是很耗费精力的。表扬员工时就轻松得多了，需要怎么表扬，思考的时间连 1 小时都用不上，主要说一句“能取得这个成果，多亏了你的功劳呀，谢谢”，就万事大吉了。

不批评员工之日，就是放弃员工之时

批评员工这件事其实很辛苦，绝不是件让人心情愉快的事，所以，其实我并不想批评人。可即使这样我还是要批评员工，是因为批评体现了对他的教育、期待、爱护。如果明知道“他这样做不会成长进步”，却放任不管，不去批评教育他，这证明我不关心他。

所以，我批评完员工，最后都会对他这样说："正因为想让你成为独当一面的得力助手，才严厉批评你。当我不再批评你的时候，就是放弃你了。"确实是这样，当我认为一个人今后不会有什么发展的时候，他做什么我都不会批评他。这一点是十分明确的。

所以，最后的结果是，越是公司的管理人员，被我批评的次数越多。每次和管理人员喝酒的时候，大家都会讲一讲曾经怎么被我批评过，酒桌上的气氛随之也变得热闹起来。

是不是员工都不想被批评呢？其实并不是。我们公司每月都开生日派对。部长和课长并不出席，只有高管和员工出席，所以员工常常容易讲一些真心话。有一次，我和一名员工有过这样一段对话。

"最近你被领导批评过吗？"

"没有。"

"是你工作很出色，领导没有必要批评吗？"

"没有，我也出错。"

“出了差错，你的领导没有批评教育你吗？”

“不只是我，也没见他批评过别人。出错时，其实我希望接受批评。犯了错也不被批评，所以我们也不知道自己犯了多大的错。最怕的就是上司在该批评的时候不批评，却直接在人事考核上对你做负面评价。”

批评员工时，应该跟对方讲清楚“下次不允许再发生同样的事”。“下次不允许”也就是说“这次放过你了”。这样说清楚的话，犯了错的对方也会在心理上如释重负。

并不是“只要不被批评，工作就变得有趣了”。被批评时，谁都不高兴，可是我希望看到的是，以这次经验教训为契机，今后能挑战责任更大的工作。没有批评、平淡如水的团体，一定没什么意思。

公司是社会的缩影。当今社会有许多人觉得，在批评别人后，会遭到厌恶，所以就不批评人，采取放任不管的态度。如果批评了学生，他的父母就会感到不满。可如果人人都这么想的话，社会整体将变得毫无生机。

我希望，至少员工自己的亲人，拿公司来说就是社长，能够批评教育员工。但是,如果有人把批评别人当成了爱好,那是不行的。为了排解自己的愤懑而批评员工,这种行为不会促进员工成长,也不会给公司带来任何利益,应该立刻停止。

因为爱护,所以批评。社长的这份心意,一定会传递到员工的心里。

人人都需要一个“头衔”

如果能巧妙地化解员工的不满，

人员稳定率将会更上一层楼。

但往往员工因为一些让社长根本想不到的事情而不满。

企业经营者应该不厌其烦地、谨慎认真地聆听员工诉说他们的不满，并巧妙地化解这些不满，这一点至关重要。尤其是中小企业，在待遇上比不过大企业，所以要特别注意这一点。其实，以前在堀场制作所也有大量的员工差点就离职了。

没有头衔、没有名片

这大概是在公司成立五年左右时发生的事情。

当时，也就是日本昭和20年代至30年代，随着朝鲜动乱结束，整个日本都开始变得朝气蓬勃。我们也在经济一片大好的形势中发展壮大，同时也毫不吝啬地回馈员工，发的工资可以和大企业媲美。

但是从某一时期开始，职场上的气氛变得有些奇怪。早晨来到公司上班后，我跟员工打招呼，问候道："大家好，今天状态怎么样？"这时，总感觉有一种闷闷不乐的气氛弥漫在空气中。虽然员工们也跟我打招呼，但是却显得无精打采。

奇怪，这其中一定有什么事儿。于是，我询问了一名员工到底怎么回事，原来是因为"头衔"。

毕业几年后，同学之间往往开个同学会，叙叙旧。可是，在同学会上，我们公司的员工知道了一些让他们惊讶的事情，其他同学都当上了课长、主任研究员，也有人取得了博士学位。

与之相比，当时的堀场制作所并未建立组织体系，没有给任何一名员工授予什么头衔。更致命的是，员工连名片都没有。当时我认为，都是研究人员，也不需要出去跑业务，所以印名片没什么用。

大家一直背着我议论着他们和大学同学之间的差距。

"看见大学同学当了课长、主管，我真是太受打击了。"

"咱们公司连名片都没有，同学会时我真觉得太丢脸了。"

就这样，职场的氛围迅速恶化，大家见了我都冷眼以对。我真是没有注意到大家竟然会因为没有头衔而感到如此不满。而且，之前我还非常鄙视大企业重视头衔这件事，还曾对员工们说过这一观点。

“大企业的那些部长、课长看起来挺神气，到底能做多少工作，其实都没起什么作用。最重要的是能力，有头衔就能做好工作吗？”

“嗯，嗯。”大家边点着头，边听我说。

我们公司的员工中，有很多人是京都大学毕业的。“如果去了大企业，入职前三年你干的工作无非是洗洗烧杯。而在我们公司，你入职当天开始就有大型的重要项目可以做。”当年员工们听了我的介绍，双眼中充满了期待，进入了公司。

员工们也感受到了风险企业的魅力，愉快地做着工作。所以，我真的没想到他们也想要个头衔。

也可能是父母对他们这样说的。“你是不是也该谋个一官半职了。你看对面屋的太郎跟你是一个学年的，听说人家都当上课长了。”

也可能是倾心已久的女孩在询问他们。“你在京都的堀场制作所工作？没听说过这个公司。你在那里是普通员工吧。”

虽然心里明知道有个头衔对工作上也起不到多大帮助，可是被大学同学、周围人这样一说，谁都会倍受打击。

无论是看不惯大企业争名夺利的人，还是富有创业精神的人，其实还是想要一个头衔的。没有头衔，还是会感到自卑。这是许多日本人的心声。

所有人都升为课长

当我了解到大家因为头衔而闹情绪时，我立即将所有人都升职为课长，也给大家印刷了名片。当然不能随便在名片上面印博士称号，但是我也心生一计。

当时，我们承接了许多企业的研发工作，于是我便让大家写相关的论文。虽然我们公司没有精力送员工去大学的研究室攻取博士称号，但是可以边工作边考取论文博士。

就这样，职场的气氛又活跃了起来。现在看来，这些行为可能有些愚蠢，但在当时，如果我放任不管的话，一定会陆续有人辞职。在关键时刻，及时发现了这些情况，并妥善地做了处理，现在想想真是暗自庆幸。

通过这件事，我深刻地做了反省。企业经营者，必须要经常去了解一线员工对什么方面满意，对什么方面不满意，并及时予以解决。

所以，最近有一些人的头衔叫作项目经理、特别顾问等等，让人听起来似懂非懂。但是，大家可不能小看这些头衔。

这些头衔代表企业经营者对员工的认同感，“因为认可你，所以授予一个特别顾问之类的头衔”。

我希望员工每年都能身心愉快，工作上充满“新奇有趣”，并将员工的不满意降到最低。

社长自不必说，如果部长、课长等管理人员都能常常留心这些事，员工一定会长久稳定地在公司工作。

有趣的工作不会从天而降

即使是打心眼儿里讨厌的工作，

换一个角度想就会变得有趣。

中小企业的老板“可以想怎么做就怎么做，真让人羡慕呀。”

经常有人会像上面那样说。的确，中小企业的社长会给人一种自由、任性的印象，但其实根本不是这样。曾经当过社长的人，谁都深有体会。

当中小企业资金不足，社长去银行借贷款时，有时会被银行职员轻蔑地质问道：“我们也不了解您公司的业务具体是什么，怎么可能给您贷款呢？”如果惹怒了重要的客户，社长会第一个冲过去给对方赔礼道歉。说心里话，我们也不想这样做，但社长必须承担这些工作责任。

吃得苦中苦，方为人上人

一直标榜“新奇有趣”的我，处理了不计其数让人烦心的工作。在银行里，我一边向年轻的银行员工点头哈腰，一边心里不断想着“我一定攻克你这道难关”。有时，借不来资金，企业就寸步难行了，于是我一大早就跑到银行分行行长的家门口。早上 6 点开始，我就一直站在他家门口，看到他出来后，马上迎上去，利用他从门口走上车的那一小会儿工夫，拼命地拜托他给我们融资，“我们的新业务一定会蒸蒸日上”。每次我都心想着，这种事情我以后再也不会做了，可下次还是又跑到了行长家门口去守候。

每次谈到这些事的时候，有的公司社长会感慨“堀场先生真是吃了不少苦头呀”，其实他们早晚也会亲身体会到这些感受。就在前几天，还听说一位中小企业的社长，因为公司资金实在周转不开，愁得没办法了，大早上跑到银行分行的行长家去了。

“我以前听堀场先生说那些经历的时候，觉得怎么能做这么丢人的事儿。可是，被逼得走投无路的时候，哪还顾得上什么丢不丢人。一想到堀场先生也这么做过，我就鼓起勇气这么做了。”

在训斥中得到学习

社长的工作可谓含辛茹苦。年轻时我也曾叹气，不过后来我渐渐有了新的认识。

不能闷闷不乐地总觉得工作烦。克服了这项工作中的困难，接下来才能做更有趣的工作。不管什么工作，都是因我们的想法而变得愉快或痛苦。

例如，被银行或者客户训斥的时候，我会转念一想，“我正在学习教训人的方法”。有的人出言不逊，说话很难听，我心里会想“这人真是个混蛋”，但有时也并非如此。

“堀场先生那里的产品很值得信赖。可是，这次的失误真是让我们大失所望。堀场先生竟然会做出这样的事情，我真的感到很悲哀。”

当那位客户这样批评我的时候，我的眼泪在眼圈儿里打转，差点掉下来。于是我发誓，就是为了这个人，我也无论如何都要生产出优质的产品来。作为被批评的一方，我清楚地知道，批评别人的方法是多种多样的。

用什么样的方法批评下属，下属才能变得充满干劲儿呢？我要对此方面进行学习，转念一想“今后学习一下别人都用什么方法来批评我”，于是我的心情也变得愉快起来。可如果把这话说出口，就对对方失敬了。

原本我还会觉得“我讨厌被批评”，可后来就不这么想了。面对任何工作，都要想着它“来之不易”“有趣”。如果能这样想的话，对方也会认为“虽然这次出了点问题，不过今后我还是会支持他”。

把和金融机构的谈判当作实际演练就可以了。我心里想着“如何说服这位精英中的领导者”，话里真假参半，当融资成功时，那种快感真是无以言表。

很多中小企业的社长对银行百般厌恶，其实银行难能可贵之处还在于帮助企业冷静地认清其业务的发展趋势。我曾一度认为，我根本不用借银行之力，于是有一段时间，我在企业经营上并没有借助贷款。可后来，我转变了思想，正因为听取了银行的意见，才能做出正确的运营判断，所以我特意增加了银行贷款。

动脑筋使工作变得有趣

有趣的工作是自己主动创造的，并不是原本就存在的、呼之即来的，也不是他人赋予的。

我们公司的员工中，有些人误以为“既然企业哲学是‘新奇有趣’，那么进了堀场制作所以后，一定会让我们做一份有趣的工作”，实际情况并非如此。

请让员工明白这一点，要想使工作有趣，就必须别出心裁。社长在公司的影响力巨大，所以要以身作则，使自己的工作变得愉快有趣。社长的工作变得愉快有趣的话，周围人的工作也会随之变得愉快有趣。相反，如果连社长都对工作感到厌烦，那么周围人就更容易感到工作无聊了。

没有自信的人请去大企业吧

对于员工来说，比起大企业，中小企业更有发挥空间。

公司的目标是使工作有趣，志同道合之人自然而然会聚到一起。

很多社长会抱怨说："大企业多好呀，中小企业根本吸引不到优秀人才。"也许有人会认为，"即使想让企业经营变得新奇有趣，可是招不到人才的话，一切都无从谈起。"

可是，无论现在还是过去，只是"守株待兔"的话，中小企业根本招不到人才。想招聘优秀人才，企业就要主动出击。有些社长早已放弃希望，认为"中小企业根本招不到优秀人才"。

可是我想质问："你究竟下了多大功夫？竭尽全力了吗？"

有能力者请来我这里

在过去，旧帝国大学[1]的毕业生到中小企业就业，简直

[1] 旧帝国大学，指日本旧制的国立综合大学。

是不可能的事，当时也没有像就业联合说明会这样的制度形式。可即使在那种情况下，公司创业初期，每年我都会招聘到几名京都大学的毕业生。

当时是怎么做到的呢？可谓想尽一切办法。

首先，与大学老师保持接触。“我们公司是生产测量仪的，请试用一下我们的仪器吧。”

无论哪所大学的研究室都面临资金不足的困难，免费使用测量仪这么好的事，大学研究室当然不会拒绝。

就这样，在做测量仪的客户使用反馈意见调查时，我与老师的关系渐渐地熟了起来。于是拜托老师“可否给研究室的学生做一个企业说明”。老师召集了学生之后，我便使出浑身解数，为企业做宣传。

“在大企业，不可能按照自己的意愿来做工作，没有乐趣。从这一点来看，像我们这样的小企业很自由，并且可以用自己的双手将公司做强做大。没有自信的人请去大企业吧，而中小企业更适合能力强的人！”

追求稳定的大学生，基本都去了大企业。来中小企业就业的有两种学生，一种学生到大企业面试失败，不得已才消极地来到中小企业；另一种学生积极寻求自己的兴趣点，觉得“这家公司挺有趣”，才进入小企业就职。而我们的目标是后者。

“比起大企业，在我们这里工作更有意义，更有趣。”每当我这样介绍，就一定会有学生面露心动之意。于是我便加强攻势，将这些学生招致麾下。

就这样，每年我都极力劝说学生来我们公司。而渐渐地，教授也会向我们介绍一些学生，“这名学生不适合去大企业工作，到你公司去效力吧。”

不需要爱岗精神

招聘时，只在就业信息杂志上登广告，只坐在联合说明会的展位上，是远远不够的。你亲自到本地的大学去过几次？让学生感受到你的热情了吗？面对企业想要的人才，社长要亲自出面去争取。招聘时说“来我们公司，可以做有意义的工作”，可一旦入职，员工却发现之前这些承诺其实是一派谎言，这种情况就另当别论了。当今时代，信息在互联网上迅速传播，只会说漂亮话的公司终究招不到学生。

最近，堀场制作所逐渐被学生了解，也吸引了许多应聘者。可在欣喜的同时，也存在一个现象，“我想大展拳脚，开创一番事业”，像这样有冒险精神的员工少了，而一心想依靠公司的员工多了起来。

因此，在入职仪式上，我鼓励大家要奋力拼搏。

“新员工不要喊什么‘热爱公司、为公司而奋斗’。那些凭借着自己的努力支撑着公司的人,才有资格说爱岗精神。暂时这一段时间，你们在老员工眼里还会显得碍手碍脚，所以称不上具备爱岗精神。努力工作，珍惜眼前。求知若渴，砥砺自我。只有具备了实力之后，才能为组织而工作。当你付出的努力是工资的 10 倍时，你可以说‘热爱公司’。每天工作时磨洋工，还口口声声说‘爱岗精神’，这就言实不符，厚颜无耻了。”

自我价值的实现比工资更重要

有的员工在报告中写道："听了最高顾问的讲话之后，我的头脑有些混乱。"这没有关系，也许新员工转换思维还需要一个过程，只要他们能够明白在这家公司中最重要的不是为公司工作，而是为了自己"新奇有趣"地工作，就可以了。

在堀场集团工作的一名外国员工曾经说过这样的话。

"曾经我明确地认为工作就是为了获取收入，我想，就算一次也罢，我想去一家工作愉快有趣的公司上班。所以能在堀场就职，我感到很幸福。即使这样，我还是很惊讶，竟然有公司直接将'Joy & Fun'作为企业经营理念。"

越是有才能的人，越想在一家能够充分发挥自己才能的公司工作。如果用高薪吸引到了人才，而当有其他公司给出更高的薪水时，员工就会轻易地跳槽。所以，招聘人才并不应该把薪水当作吸引力。

能吸引合适人才的公司，一定是经营者脚踏实地、以员工为本的公司。不是自卑地认为"我们只是家小企业"，而是将中小企业的独有魅力作为闪光点，一定会找到合适的人才。

让全体员工成为股东

堀场集团中有专门从事福利业务的公司，全体员工都是股东，全员参与企业规划，打造理想的职场。

在堀场集团中，有堀场社区这样一家公司。这家公司以员工的福利为主要业务，但并不是常见的那种福利业务外包公司，也不是从其他公司承接服务业务的服务公司。

堀场社区的股东是堀场集团各成员公司，和在那里工作的员工们。当然，我和社长也是股东。我们的理念是“堀场人的福利，由堀场人自己来计划、实施”，大家都是股东，大家一起来思考自己应该享有何种福利。堀场社区就是这样一家全员参与策划的公司。

入职时购买 10 股股票

原本由劳务科负责员工福利业务，为了给员工带来实惠，公司应工会的要求，为员工谋求了额外的福利。

但在发了工资的基础上，还有必要花那么多钱为员工谋福利吗？为了从根本上重新审视福利制度，1978年，员工和雇主共同建立了堀场社区。

员工在堀场集团入职后，以500日元1股的价格购买堀场社区的股票，最低购买10股。只要在我们公司工作，就有义务参与有关福利事业的策划。而此后，员工可以自愿增加持股数量。不仅是在职员工，曾经在这里工作过或者申请来这里工作的人，都可以成为股东。

如今，我们提供各类保险业务、国内外旅游、员工食堂及宿舍管理等各种各样的服务。

还有一些别具一格的地方，那就是我们开设了书法、篆刻等文化教室。在熊本阿苏工厂附近生产了烧酒、肉食品，同时也种植了蔬菜等，让员工亲自动手参与食品销售。

在滋贺县高岛市，我们运营了一处叫“堀场蓝莓Joy & Fun”的农场，员工可以带着家人去农场体验做农活，收获芝麻，还有水果做成的果酱，可以拿到公司来卖。

以前，有些员工甚至在社会上借“小额贷款”。有人说“向消费金融机构”借钱有点麻烦，于是我们以比银行更低的利息给员工发放贷款。还款是从工资中预扣，所以不必催促员工还款，也不会形成坏账。现在公司内部小额贷款已经被堀场制作所公司内部融资制度取代了。不过在当时，这一点很受员工欢迎。

盛大的股东恳谈会

在堀场社区工作的员工都是在保险、旅游等业务方面的专家。与其安排他们在管理部门做一项工作，不如安排他们深入挖掘福利方面的业务，这样更有利于达到人尽其才的效果。

我本人是股东的同时，也担任堀场社区的最高顾问。“如果我是劳动工会委员长的话，我一定为工会会员谋取这样的福利”，我以这样的视角，不断出谋划策。

福利服务最初的启动资金是从堀场制作所划拨的运营费。不过，享受福利的员工也承担相应的费用。同时，为了让员工能够“新奇有趣”地工作，公司不断推陈出新，开展各类服务。

福利事业赢利后，员工作为股东每年也会得到分红。怎么样？没有像这里这么独树一帜的福利公司吧。

以前，税务局听说我们有这种制度，便挑毛病说："你们这是在为逃税找托词吧。"

于是我与他们发生了争执，差点闹到了管辖区的大阪国税局。"你们在想些什么？"我们确实是为员工谋利益才成立的公司，怎么可能是为了逃税？

堀场社区的股东已经达到了2700人，年底我们召集所有股东，召开了股东恳谈会。全国31个站点同时举办了联欢活动，各会场的情况通过视频会议系统进行直播。在抽取最大奖项——价值30万日元的旅行券时，联欢活动达到了高潮。

资本与劳动的融合

公司由资本、经营、劳动三个要素组成。并不是哪一个要素更强，而是三者各自发挥其作用，公司才能良好地运转。

这是资本主义的基本原理。

股东、经营者、员工三者都要感到满意。为了迎合员工而赋予其过多的福利或服务，这并不是明智之举。相反，压榨劳动的黑色企业之路也并不可取。

但实际上，有很多公司的员工与雇主因福利问题而产生对立。员工方要求尽量扩大福利服务，而企业方力图尽量削减经费。而在我们公司，员工、经营者和股东的利害关系是一致的，所以基本上不存在员工与雇主之间对立的问题。

通过堀场社区这个公司，员工作为股东会主动地思考，工作上新奇有趣的公司是什么样子的。堀场制作所作为实业公司不断创造利润，而堀场社区则不断增加员工生活和工作的意义，两者像汽车两边的车轮，构架起了理想的职场。

这一体系融合了资本与劳动这两个要素，我认为，在大家的公司里也可以直接应用。

善于走捷径，才有竞争力

迎合市场很重要，未雨绸缪也很重要。

走上捷径的王道，必有产品需求随之而来。

“当社会上发生什么问题时，总会出现贵公司的名字。”经常有媒体人会这样说我。

的确是这样。汽车的尾气问题严重时，堀场制作所的分析仪会大卖。四日市哮喘[1]这种公害病发生时，用于大气测定的堀场生产的分析仪也派上了用场。

当臭氧层破坏成为话题时，人们使用堀场生产的分析仪测量臭氧浓度。发现二噁英有害时，人们也使用堀场的分析仪。当检测出二氧化碳温室化效应气体时，人们也使用堀场的分析仪。在2011年核发电所事故[2]时，人们也使用了堀场的分析仪。

甚至有人找碴儿说：“你抓住了人性的弱点，每次都能

---

[1] 四日市位于日本伊势湾西岸，1950年代至1960年代因当地工业排放的大气污染物引起的类似哮喘的呼吸道疾病总称，叫作四日市哮喘。

[2] 指2011年福岛核电站事故。

大赚一笔。”其实并非如此。

持续钻研 60 载

请看一下我们公司的研究史。

美国出台限制汽车尾气的《马基斯法》是在 1970 年。早在 1957 年，堀场制作所就已经生产了红外线气体分析仪。

当初我们研发的是用于肺部功能分析方面的仪器，通过对吸气与呼气的分析，来确认肺部健康状况。突然有一天，通产省[1]（当时）的官员来到我们这里，建议说“请考虑一下能否将这种分析仪用在测定汽车尾气方面”。我们是以此为契机进入汽车市场的，而并非从一开始就瞄准了汽车市场。

至于放射线，则是我从学生时代就一直做的研究。员工抱怨说：“什么放射线分析仪呀，根本卖不出去。”而我却说：“在我有生之年，要坚持这项研究。”于是，从开始到

[1] 通产省，日本通商产业省的简称，日本旧中央省厅之一，主要掌管通商贸易、工矿业度量衡等方面的国家行政事务。于 1949 年设立，2001 年改称经济产业省。

现在，我坚持了整整 60 年。放射线分析仪最终在福岛核电站事故中起到了作用，虽然这是我最不愿看到的一种形式。

二氧化碳等问题是在我们做了研究之后才成为社会热点问题的。当研究这些问题时，我们认为“虽然现在没有派上用场，但将来一定会有用武之地”，而事实的发展也正如我们所料。根据市场预测而做相应准备的话，会很轻松。但很遗憾，这么理想的情况几乎不存在。

说实话，虽然我身为企业经营者，却不怎么关注市场需求。我也经常被金融机构嘲讽：“你们公司净做这样没有用的研究，公司盈利方面不要紧吗？”但我本人一定会把分析仪的研发之路坚持走下去。

以王牌决胜负

所谓王道，就是终究有人要做的、对社会有意义的事情。

例如，理想的状态是无论做任何分析都力求缩短时间，且监测得出正确的数据。可是以前，测定气体时，需要将气体溶于液体，通过分析液体来推测出气体的成分。这种方法通常需要 15 至 20 分钟，而且得出的数据往往也并不准确。

若不使用液体当媒介，就无法对气体做出分析，这真是令人啼笑皆非。这种时代不可能一直持续。我们正是调查研究世间万物构成成分的分析仪制造商。不能直接分析气体，对于分析仪制造商来说，简直是一种耻辱，于是我们就开始了不眠不休的研究工作，由此，我们的尾气排放分析仪后来才得以面世。

在研究方面，我从未因懒惰而选择更简便的方式。我有自信说我精益求精，并不断挑战、勇攀高峰。并没有人要求我这样做，而是我认为我必须这样做。我想这就是王道。

没有人看不到王道。自己所在的行业将来会发生什么，经营者基本上都能看出个大概吧。可是几年后市场会对产品功能有怎样的需求，谁也不好说。要推进一个无法解释清楚的战略，需要经营者有很强的领导力。

与子女教育如出一辙

你不觉得这与子女教育如出一辙吗？没有孩子在学数学时会思考“长大成人后，我会在某个特定的情况下用到数学，所以现在要好好学习”。当然，父母和老师也不知道将来会出现什么情况。

立志成为数学家而学习数学的学生除外，一般大多数学生都不是树立明确目标后再学习的。但是，所学的知识与所做的思考将来一定会对自己有帮助。所谓学习就是如此。所以，父母和老师一定要说明学习的重要性。

如果不能扎扎实实地打好基础，今后就无法发挥优势，孩子也好、企业也好，都是这样。经营者需要有应变能力，但是没有实力的话，无论怎样敏捷地追逐社会需求，最终还是追不上。

与那些现从山脚下急急忙忙往山顶跑的企业比，当然是事先已在山的四分之三处安扎好营寨的企业更有优势，这是不言而谕的。仅仅凭借应变能力，企业发展会有局限。

“由于没有资金，面对一座市场需求不明的高山，我们无法扎下大本营”，这样的辩解根本说不通。当你跑遍脚下的山路之后，下一步有什么样的打算？

无论多么艰难，社长都应该义无反顾地直指高山峻岭，明确地发出指令“在那里扎下大本营”。这样一来，员工才会乐业，才能做出成果。“销售情况会怎么样呢？”如果只是看重眼前这些数字的话，员工会感到身心俱疲。

想要走向国际，必先学会英语

早日放眼海外，使用英语召开干部大会。

堀场制作所能够茁壮成长，外国企业也功不可没。

摒弃偏见，中小企业更应该走向海外。

早在 1990 年代开始，堀场集团在召开全球各分公司干部大会时，便开始使用英语。从集团整体来看，日本员工占比仅仅 40% 多一点。包括韩国和中国在内的亚洲人也仅仅占半数，其余的员工均为欧美人。所以，开会时理所当然要使用世界通用语言——英语。

相反，如果让外国人学习日语的话，无论从经费上，还是从时间上，都需要消耗大量精力。日本人从学生时代就开始学习英语，而且我们公司的所有干部都有驻外工作经历，虽然对于我这个“老古董”有些难度，但还是让日本人在会议上说英语比较合情合理。

你只是大集体中的一员

外国员工人数众多，是因为早在 50 年代我就已经放眼海外，这在日本企业中算是比较早的了。之所以这样做，是因为创业时一直支持我的一家老牌商社——大泽商会的原会长大泽善夫的一句金玉良言打动了我。

“日本只是世界集体中的一员，如果不能在美国这样的大国销售产品的话，日本企业的发展就无从谈起。”

大泽先生在“二战”前，将日本企业的许多产品出口到美国，收获了不小的成功。他是我的恩人，在我创业初期投来资金，并在公司兼职担任高层管理人员。60 年前就认为“日本是世界集体中的一员”，这样的人可谓凤毛麟角。

听了大泽先生的一席话，我便毫不犹豫地奔向了美国，接触了很多企业经营者。这才发现，无论在什么方面，日本的规模和这里都无法相提并论。即使在日本能够称得上“第一”，可是站在世界舞台上，就会变得不值一提。从那之后，我进军海外的意愿更加强烈了。

公司不重要，产品才重要

海外市场不仅规模巨大，而且可以凭借产品本身的好坏一决胜负，这对我们这样的中小企业来说十分难能可贵。无论过去还是现在，日本的大企业往往是重视公司经历多于产品本身。“注册资金才 100 万日元？员工人数 15 人？这样的小公司能跟我们这样的大企业做贸易吗？”曾经多少次我都因为这方面原因吃了闭门羹。

可是，在美国则全然不同。美国企业看过产品后立即就会决定“这个产品很有意思，订购 100 件吧”。在相互交换合同时，对方会问一句：“对了，请问你们来自哪个国家？”

“日本。”“原来如此。所以英语很差。”在最后，才会被问到有关公司发展历史的问题。“对了，你们公司什么时候成立的？”“刚刚成立 5 年。”“这样啊，加油吧！”

说得偏执一点儿，美国只看重产品，不在乎公司。而日本只看重公司，不在乎产品。很多人武断地认为，日立、东芝就一定能生产出优质产品，中小企业就一定没有优质产品。

正因为如此，中小企业才更应该走向海外。美国的企业会认为，不管多小的企业，只要产品有创意，“不使用就是损失”。海外才是真正适合日本中小企业发展的地方。

我们公司有许多产品都是先在海外市场大受欢迎，然后才回过头来打开日本市场。曾经有这样一段让人啼笑皆非的小故事，一家日本企业在视察美国企业的工厂时问道：“这个分析仪不错呀，是哪里生产的？”美国人回答：“哎？这是你们国家堀场制作所生产的产品呀。”

那家日本企业的负责人急忙赶到我们公司来购买分析仪，批评我们道：“你们公司比起日本本国，先在美国销售这些产品，这是何用意？”我们反驳道：“我们曾去贵公司登门拜访过，结果吃了闭门羹。”听到这个回答，对方也感到很尴尬。

与其故步自封，不如去拓展市场

因“拓展海外市场风险很大”而感到犹豫的企业经营者还是很多。的确，2012 年反日情绪高涨时，我也认为“很糟糕”。

那时候，正好赶上在上海的汽车尾气检测设施即将完工。那里是一处能够现场检测尾气和燃料费的检测场。

我在公司内部建议说“情况不妙，延期开业吧”，可因为对方说“没问题的”，于是便按照原定计划开业了。社长（堀场会长兼社长）到现场一看，检测场的门口醒目地挂着日本国旗。

现场工作人员坦然地说：“正因为是日本企业的设施，中国人才放心地来给车做检测。所以应该挂日本国旗。”开业时，也有许多当地政府官员出席，不仅未发生混乱，还获得了成功。中国那么大，有人参加示威游行，也有人静观事态发展，人们想法各不相同嘛。

这么说来，以前在日本，学生运动盛行的时候，听说京都大学钟塔下边有集会，我好奇前去看热闹，结果发现仅仅 30 人左右。可第二天的报纸上却虚张声势，对此大肆报道，赫然写道“京都大学大集会”，这让我不知说什么是好……

就像我 60 年前所做的一样，请用自己的双眼感受世界各国的热情，你一定会兴奋不已。于是，员工也会兴奋不已地工作。毋庸置疑，拓展海外市场必然伴有风险，可守在日本不走出去本身也是一种风险。

沉默不是金，勇于表达才是金

传统的“以谦虚为美德”并非符合全球所有国家的价值观。

请鼓励员工大胆地说出自己的见解。

日本人大概都会过低地评价自己。每次向员工布置有难度的工作时，员工都会说“我能做好吗”，这样一来，立刻让人感觉很不自信。于是我鼓励说“我在背后支持你”，员工才勉为其难地接受这份任务，“我会努力，不辜负您的期待。”

而且，越是这样的员工，工作做得越出色。如果是英美人的话，不会做出像日本人这样的反应，他们会立刻答应，“放心交给我吧”。日本人会谨慎地将十分说成七分。相反，英美人会夸大其词地将十分说成二十分。这样一来，日本人被认为能力稍有欠缺，也是没办法的事情。日本人到了海外，如果不将十分说成十二分的话，很难与英美人抗衡。

在全球化进展迅速的今天，这样谦虚的美德显得很吃亏，这样谨慎保守也无法让工作变得有趣。

捧场的提问者有失体面

虽然同为亚洲人，但是其他亚洲国家的人与日本人不同。我在韩国、中国演讲时，演讲刚刚结束，马上就有许多人举起手来提问。虽然这些问题中，有的很无聊，但是大家反应十分迅速，让我感到很高兴。特别是韩国人，非常热情，一直跟着我到会场门口，我即将上车离开时，他们还在不停地提问。

可在日本演讲的时候，我努力讲了一个小时也没有人提问，大家都没什么反应。日本人都在做一些不必要的担心，“如果问出这样的问题，会被人认为很愚蠢吧？”

如果有谁第一个提问了，其他人就会想“连这种问题都能问，那么我的问题一定也可以”，于是现场开始陆续有人举手。有问题直接提问就可以，可是日本人却做不到，这样真的会很累呀。

对了，以前在我演讲结束后，没有人提问的话，主办方会感到很尴尬，于是特意安排人来捧场。主办方让我事先透露一些演讲的内容，可是我演讲时每次都会根据现场的气氛而改变演讲内容。

捧场的人满脑子就想着提问了，没怎么听我演讲的内容，提问时说："刚才您说过……"可是我演讲时根本没说过这些话（笑）。看到对方也很无辜，我便把话题敷衍过去了。真的求求你们不要再这么做了。

在会议上一言不发的社长

日本企业经营者的性格大多比较稳重。有一次，在针对政府放宽政策的集会上，我情绪高昂，一连串反映了很多意见。散会后，在电梯中，一同参会的一名社长拍着我的肩膀说："正如堀场先生会上所说的一样，其实很早之前我也有这样的想法。"

我有些生气地说："为什么在会上你不说呢？这样我们齐心协力，也许就能说服对方了。"可对方却说："说太有棱角的话，未免有些不太好。"在很多会议上，我都会遇到这种情况。

有些人说话言过其实。有些人想什么就说什么。在日本人看来，这些人往往被认为没有水平。其实这种看法是不对的。自己明明有十分的能力，却有顾虑地说“只有七分或八分”，那么以后就真的只有七八分能力了。语言的力量就是这么恐怖。

尤其是在做海外贸易的时候，一定要明确地表达自己的想法，不突出存在感，就做不成生意。有些人认为不要出风头才是上策，沉默是金，但是事实并非如此。沉默毫无用处。

我自身原本就没有谦虚这个美德。我的性格是，如果我认为是十分的话，就会直接说十分。况且，堀场制作所早已进驻了欧美及亚洲市场，我也通过亲身经历理解了日本人的这一习惯在海外行不通。

所谓自信心，就是创造力

年轻时，和老客户喝酒，我问对方“再来一瓶怎么样”，对方推辞“不用了，已经喝了很多了”，于是我让女服务员上了主食，这表示酒已喝完。

我也很喜欢喝酒，但是不喜欢被劝酒，当我感觉“再喝下去，酒就不好喝了”的时候，我肯定不继续喝了。所以，我认为这位客户“真的是不想再多喝了”。

于是后来，我被对方公司委婉地嘲讽了。“我公司员工，很感谢贵公司社长的款待。但是总是不能尽兴喝酒，光吃饭了。”

怎么会这样！我很惊讶。客户说“不喝了”，我就没有强行劝酒，怎么还被埋怨了？如果想喝酒的话，就直说“再来一瓶”。可这就是大多数日本人的价值观。

不敞开心扉，说话暧昧，担心伤害到对方。日本社会构筑良好人际关系的这种方法，在海外根本行不通。

韩国人是那种类型，日本人是这种类型，像这样把人分类并不恰当，但各国人还是根据不同的国情而存在一些不同的特点。而日本人的这种国情特点在全球只占少数。在国际社会上，无论是企业经营者还是员工，绝不降低对自我的评价，而是将自己提升两成，努力向前冲。

评 述

员工和企业经营者一样拥有很强的责任感和高昂的斗志，就像是企业经营者的分身一样在忙碌工作。无论哪位企业经营者，都会梦想着在企业里，自己身边都是这样的分身，但事实上，想让企业员工达到这种程度十分困难。

原本在日本经济稳定成长的那个时代，用以前的经营管理方法，公司也能正常运营。日本，甚至日本公司的方针都很明确，只要有强有力的领导者指挥“向这个方向前进”，就可以了。说得极端一些，就是认准能够畅销的产品或服务，早早对其投资，就可以了。

但是当今的市场环境早已不再是单纯的扩大模式，经营方针也需要多元化。目前理想的组织并不是像军队那样一丝不乱，而是保持员工类型的多样性，使其能够各自发挥其所长。在这样的集体中，才能探索出各种方针的可能性。

另外，正如堀场先生在前文所引用的那样，如今，全球的劳动都有了质的变化。东京大学研究生院经济学研究科的伊藤元重教授主张说，劳动已经从利用身体进行“劳作”，演变成利用知识和技能进行“工作”，今后还会演变成像“玩”那样的创造性工作。

从前，工人是主力军，后来很多工作逐渐被机械和电脑取代。要把员工培养成以创造性和艺术性来决胜负的选手，就要打造新的公司体系，确保他们保持自律性。

那么，具体怎么做才能让人主动发挥创造力，也就是堀场先生所说的“新奇有趣”地工作呢？堀场先生给出了如下解释。

首先，要让员工理解在资本主义下社会是以怎样的原理构成的。然后，在企业经营上不要有“黑匣子”，将所有信息公开，制定基于附加价值的劳动分配规则。

虽然是以附加价值来决定薪资，但说到底这指的是薪资总额，与根据个人成绩来发薪水的成果主义并不相同，所以不必担心对团队合作会造成影响。

有些企业经营者辩解说："反正员工也不懂经营方面的知识，即使公开财务状况也没有意义。"这样做的话，员工就不能"乐业"了。如果员工不懂财务知识，那么企业经营者就有义务去教会他们。

堀场先生在公布企业财务状况的基础上，平时也很关注员工是否"乐业"。有人认为堀场先生是天才型的强有力的企业经营者，这并不准确。的确，他具备天才的一面，但是他细心地观察、照料员工，这方面与强有力正好相反。

例如，堀场先生将所有想得到头衔的员工都升格为课长，这需要他对员工的心境有同感。彻底取消工作考核制度中的负面评价这一类内容，这种做法，许多企业经营者从道理上是理解并赞同的，一旦要付诸实践，许多企业经营者就犹豫不决了。对于员工来说，领导只评价他工作上拼搏挑战的一面，是一件多么令人欢欣鼓舞的事呀。

堀场先生能成为这样一位站在员工角度考虑问题的企业经营者，正是因为他绝对地肯定他人的潜力。

这种想法的真正价值，在前文的"不需要年轻员工有爱岗精神”中，已经体现出来了。

大多数企业经营者都要求员工有爱岗精神。他们认为，正因为有这种精神，员工才会拼命地工作。确实，拥有爱岗精神的人聚在一起，这个集体会变得很有凝聚力。在日本经济的高速成长期，以员工忠诚为基础建立了坚固的组织体系，发挥出了良好效果。

在泡沫经济破灭之前，这一体系适用于日本社会。也许，自我牺牲就是爱岗精神的证明。堀场先生曾高声疾呼——阻碍个人自律性和组织多样性的爱岗精神要不得。

堀场先生经常说，原本“堀场制作所想让员工认为，在这里工作是幸福的”。所以，他并不是全盘否定爱岗精神。

而他却提出“要不得”，是由于要求员工为他人和社会做贡献，不应该从利他角度来考虑，首先应该从满足员工自己的欲望需求来考虑。实际上，逻辑是这样的，如果不从利己角度考虑，员工就不能“新奇有趣”地工作，就不能发挥潜力，也就不能对他人和社会做出贡献。

即使对这种观点有认同感，但是能叱咤激励员工“不需要爱岗精神”的企业经营者实际上少之又少。堀场先生能够坚持这一观点，并不是要引人注意或是口是心非地说一些漂亮话，而是他对人的能力持有绝对的认同感。

从榨取劳动力的前近代型的经营，到劳动力爆发的21世纪型的经营，堀场先生教会我们，在这次大转换中不可或缺的是企业经营者对员工能力的认同感。

第三章

新奇有趣的方法论　企业经营者篇

让一切信息公开，领导方能轻松

企业不可以在经营上持有黑匣子，例如不公开盈利状况等。如果事先制定了劳动分配率[1]，就不会与员工产生纠纷。

---

[1] 劳动分配率是企业人工成本占企业增加值的比重，它是集中反映企业人工成本投入产出水平的指标。劳动分配率 = 一定时期内的人工成本 / 附加价值（同期增加值总额）×100%。

“让一切信息公开，社长方能轻松。”

听起来可能有些不谦虚，其实我的基本工作方式就是不断思考怎样才能轻松愉快地经营企业。怎么做，社长的工作才能事半功倍？我一直在思考这一问题。

所谓的公平公正，其实就是公开

企业应该将盈利状况、社长的年薪等信息全部公开。另外，还要事先制订好利润的分配方法。劳动分配率占劳动附加价值的 60% 以上。高管的分红占税后利润的 6%。如此制订好分配方法，大家就不会再为“这次奖金能分到多少”而烦恼了。如果高管想得到更多的报酬，只要努力提高公司的税后利润就可以了。方法非常简单。

这样的话，基本上社长与工会的关系也不会变得紧张。员工自然而然地会考虑“以目前的盈利状况，如果人工成本上涨的话，对公司来说可不是一件好事”。所以，无论是在提高基本工资方面，还是在发放奖金方面，基本上都不会与工会有争执。

即使有员工表达不满，认为“高管拿利润的6%，有些不合理”，也没有关系，因为我们事先就声明了，“堀场制作所高管的奖金为税后利润的6%。如果你能接受这一点的话，再来我们企业工作”，所以我们有底气说“如果不能接受的话，就请离职吧”。

我们对公司外部也是公开透明的。从1971年上市开始，我就认为公司是社会的公有物，无论好的一面还是坏的一面都应公之于众。虽然那时候，不管是媒体还是证券公司，都没有像如今对信息公开一事要求这样苛刻。

而且，我们也公布了把税后利润的30%返还给股东这一原则。“同行业的公司把利润的12%返还给股东，我们业绩相对较好，就定为15%吧。不，14%吧。”光考虑这些事就让人觉得很累。“堀场制作所通常把30%的利润返还给股东”，这样公布之后，反而觉得很轻松。

把所有的不快一吐为快

我们公司成立工会相对来说比较早，是在1958年。而且，我们有五六人是当时有名的强硬派工会成员。我之所以追求和谐相处，也和当时的经历有关。

每年，公司与员工、股东相互“斗智”是一件很麻烦的事，原本在面对资本、经营和劳动三者时，做出合理的利益分配正符合资本主义的原则。

只有无论谁都认可其公平性的时候，资本主义才能充分发挥作用。所以，恰如其分地向公司内外摆明这一事实是企业经营者的任务。

当然，业绩不佳时，就这样向公司内外传达这些信息的确会令人心里感到不是滋味儿。

即使这样，因为企业经营者并没有必要闷闷地独自烦恼，也没有必要与工会做斗争，所以无论从身体上还是精神上，企业经营者还是轻松的。企业经营者的奋力一搏，仅仅是用在企业经营上做重大判断的时候就足够了。

在刑事犯罪题材的电视剧中，警察往往会对犯人说："你坦白事实，一切就轻松了。"如同犯人坦白事实就会过上安心的日子、安心地睡上好觉一样，企业经营者也真的是一吐为快。

"即使这样也不愿公开信息。"对于这样的社长，我只能认为他是以让自己受苦为乐的受虐狂了。

社长的影响力是巨大的

社长对许多人来说是具有影响力的。例如，对员工及其家人、购买产品的顾客及其家人。恐怕即使是中小企业的社长，也会对数万人产生影响。

我希望别人能够认为"经销堀场的产品，真好""在堀场工作真幸福"。相反，"与堀场有瓜葛，真倒霉""在这样的公司工作，人生还有希望吗"，像这样的想法绝对不能有。

正因为这不仅仅是自己一个人的问题，而是会对数万人的人生产生影响，所以社长必须身先士卒，“新奇有趣”地工作。如果总想着“累”，那么谁都不会幸福。所以，不断摸索轻松的经营方式并不是一件坏事，而是一件很重要的事。

在日本仍然有很多人认为，“企业经营者一定要废寝忘食地努力才行”，其实并不是这样。其实完全没有必要经营得那么辛苦。完全可堂堂正正地去寻找轻松的经营方法。

学会减压，工作才能事半功倍

为了保持活力，减压非常重要。

削掉肥肉也不能长寿，健康的秘诀是使压力最小化。

不知不觉地，我一下子活到了90岁。经常有人问我，健康长寿的秘诀是什么。其实我也没做什么特别的事情。在中学时代玩橄榄球的时候，我把这一辈子的高强度训练都做了，坚强地坚持了下来，从那以后，我再也没有做过体育锻炼。

每天早上游泳或是慢跑的企业经营者很多，但是能够一直坚持下来的都是名人。做风险商贸方面的企业经营者要是有时间锻炼身体的话，那他一定用这段时间来研究、筹备资金等，处理那些堆积如山的工作任务。

压力才是最大的敌人

我吃饭时，也只是吃一些我喜欢的食物。我们家族偏胖者居多，总之大家都比较喜欢吃肥美的食物。牛肉的话，绝对不吃嫩腰里脊肉，只吃上腰肉。吃鱼的话，也喜欢吃比较肥的部位，金枪鱼的话，我只吃金枪鱼的肥肉。而且，我非常喜欢吃咸鳟鱼子、咸鲑鱼子、青鱼子。我经常吃米饭、面包、乌冬面、荞麦面等，从中摄取大量的碳水化合物。

年轻时，活动活动身体，体重就不增加了。可过了60岁之后，摄入量超过了消耗量，体型渐渐变得肥胖。每次我去看病时，医生都会劝告说“要改善饮食生活”，但我却顽固不化地不听劝说。

改善饮食生活后，身体会发生怎样的变化呢？虽然医生说：“堀场先生，减轻体重就轻松了。这样就不会得病，而且会长寿。”

我身边在节制饮食的企业经营者很多。猪肉味道很香，他们却刻意不吃；也有人巧妙地去除鸡肉的皮下脂肪。可到头来，在我的朋友当中，对饮食有神经质的人，早早就去世了。

显然，过度地节制饮食并不好。我认为对于人的身体来说，压力是最大的敌人，大多疾病都来自压力。虽然体重多少有些超标，但是品尝了美味的食物，可以笑着说“我今天非常满足”，我认为这样才对健康有益。

如果一定要做，那就愉快地做

对于社长来说也一样，尽量不要让压力压抑在自己的身体里。

我原本是技术人员。最初我非常讨厌谈业务，对那些自以为是的采购人员说“请您购买我们的产品”，对银行的毛头小子请求说“请给我们放些贷款吧”。我倔强地认为，我不是做这种工作的人，我是技术人员。

但是中小企业的社长如果不去拓展业务，不去融资的话，公司就会倒闭。所以，就像前文提到的一样，我改变了想法，不管怎样都要做，那就不如愉快地去做。

我不再愤愤不平地抱怨“为什么我要向银行低头”，而是以一种游戏的感觉来揣测对方的心理，思考着怎样展开对话才能取悦银行，成功贷款。于是，我有了许多发现，这件事也变得更加有趣。

我的企业经营理念以“轻松”为原则，尽量轻松地经营企业。可在日本，一说到“他轻松简单地处理了企业的事情”，就会给人一种不太认真的感觉。但是，无论是经营还是人生，轻松应对是一种能力。

为了得到相同的结果，有的人练习了 100 次，有的人只练习了 5 次。显然，练习 5 次的人更加优秀。因为他只用了相当于别人二十分之一的精力就达到了相同的效果。可是有时候在日本并不是这样看待这件事。

与效率的最大化不同，日本人往往美化努力的过程。最典型的是奥林匹克运动会，虽然很多人嘴上说“意义在于参加奥林匹克运动会本身”“输得很酷”，但这其实只是在输了之后还要嘴硬。虽然我并不是不能理解这种心情，但是决战的结果只有胜和负。

为了达到目的，该怎样走捷径呢？日本人虽然讨厌这一套，但我反而要说一说。尤其是企业经营者的工作给身心都加大了负担，如果不走捷径减少压力的话，不管怎么减掉身上的肥肉，也会过早地去世。

想要打败对手，必先了解对手

生意也受主客场的影响。

如果进入自己擅长的领域，就会压倒对手。

我经常说："把税费降为零，其实很简单。"以前，大阪国税局问我："税费降为0，是怎么回事？来和我们讲讲吧。"于是我便高兴地去做演讲。

"不管怎样收取税费，其实都只相当于一半。如果存储量是现在的两倍，那么原先预计收取的税费实际就是零。"国税局的人感到有些泄气，惊讶地问："怎么回事？"

整日忙于减税对策、向税务局发牢骚，这些都是在浪费时间。把这些时间用于技术开发上，从结果来看，手中剩下的资金更多。所以，企业经营者只考虑事业就可以了。这是我的态度。

用一年的时间苦学税务

虽然我的立场是这样的，但我还是劝告企业经营者学一学税务知识。学习了税务知识后，再被别人鸡蛋里挑骨头时，就可以充满自信地与对方吵架了。

税务局真的让人很烦。我年轻的时候不懂税费知识，所以无力反驳。一怒之下，便利用一年的时间拼命学习税务。

第二年，税务局的人来了，还说着那一套老话："堀场先生，这项经费我们可不认可呀。"刚说完，我便回答："不对吧，依照税法某某条款，是你错了。"于是便侃侃而谈，对法律条款进行解释说明。

当被问到哪项条款的什么内容时，能够当场进行详细说明的税务局人员并不算多。如果再接着追问："作为税务专家，你怎么看？"对方也无法给出令人满意的答案："这个嘛，有很多见解。"

我接着追问："这样的话，我们就去听听贵单位局长的意见吧。"对方便连忙拒绝："不用这样，今天我们就回去了。"于是便慌忙地回去了。

不久，我们收到了《取消更改决定(不必进行更正申报)》。我给税务局打了电话："你们真的认可了吗？需不需要我去做个解释？"对方连忙说："不不，不用过来了。"

那时候感觉真痛快，从那以后，税务局再也没有来找过我麻烦。可能把我放在危险人物的列表之中了。

主动说出的缺点，也就不再是缺点

我还专门学习了与商业有关的商法和民法。一旦有了纠纷，我便可以反驳道："根据法律的某某条，这是违反法律的。"如果上了法庭，我有信心一定能赢。如果我加强攻势，追问"上法庭去评理吧"，基本上对方就认输了。

像我这样，不管什么事都要据理力争的企业经营者可能会让人感到讨厌。但是，对他人言听计从真的很没意思。

如想自己掌握主动权，要怎么做才好呢？我一直思考着，要在我擅长的领域打拼，要创造条件，合理利用自己的优势。这样的话，一定要把对方拉到自己的主场。

1971 年公司股票上市，召开记者见面会的时候也是如此。我在发言时，一开始就讲了我公司的缺点。

“我公司以研发能力制胜,也拥有许多有创意的新产品。在这些方面，我们很强，但同时，在销售方面，我们还在构建体系之中，生产技术也称不上一流。堀场制作所就是这样一家有缺点的公司。所以，我们要用上市所得的资金来拓展产品销路、强化生产技术。这正是我们的目的。”

主场作战，其乐无穷

听到这些，证券交易所的人脸都绿了。堀场这位大叔，我们帮他实现了上市，他却在说公司的缺点，到底在想些什么？股票价格可要下跌了——透过大家尖锐的目光，我仿佛听到大家心里说着这些话。

可是在场记者们却反响良好。“在上市见面会上首先谈论自己公司缺点的社长，我们还是第一次遇见。普通的社长只会自吹自擂，当我们刨根问底的时候，才迫于无奈，言及弱点。堀场先生真是一位有趣的社长。”

我期待的正是这种反应。企业经营者充分理解自己企业的缺陷，为了弥补缺陷而上市。区别仅仅是由我自己说出企业的缺陷，还是等记者刨根问底后再说。可是，两种方式的说服力是不同的。如果自己主动先说的话，会给人传递一种不断使公司进步的热情。

而且，我公司的买卖并不会让人感到华丽，我们是一家生产分析仪这种朴素产品的公司。在当时那个年代，还没有多少人听说过 pH 测量仪这个词。

以我的发言为契机，大家对分析仪的存在有了近亲感。这是把对方拉入自己主场的一种技巧。

像足球这样的运动项目中，主场和客场具有惊人的差异。与此相同，开动脑筋让自己站在有利的位置上，无论经营还是人生都会一帆风顺，这比什么都有趣。

有些人不管怎么努力都不顺利，还为此而烦恼，这也许是因为他在客场作战吧。

让客户满意就是让自己满意

如果想愉快地赚钱，首先要让对方赚钱。

如果想把自己的意志强加于对方，那么自己也早晚会受苦。

想在对方那里购买到物美价廉的商品，就要先让对方觉得高兴。这比掐着对方的脖子讲价更简单。

堀场制作所拥有约300家合作企业，每年分两次告诉对方我们未来半年的详细生产计划。我们会拜托对方“未来半年，我们会生产这么多这种类型的产品，请您做好相关准备”。

让合作企业感到困扰的是紧急订购。“上个月生产100个，这个月要生产200个”，如果这样捉弄人的话，对方为了赶工期，不得不加班到深夜。加班的话，人工成本会增加，产品成本价格自然就会上涨。

如果由我们承担价格成本，对我们来说并不划算，可如果压低了价格，就会影响对方的利润。利润不增长，对方就无法购买新设备，这样一来就不得不一直使用精度较低的旧设备，因此就无法生产出好的产品，而我们作为购买方，就会感到为难。

让对方为难，就是让自己为难

让对方感到为难，到头来就会让自己感到为难。所以堀场制作所向合作企业公开生产计划。这样，合作企业就可以合理安排生产任务，确保产品质量过关，同时还能降低成本，获得丰厚的利润。

这道理极为简单，可真正能够把所有生产计划都详细公开的企业却很少。如果生产计划被竞争对手知道了，那么将会给企业带来不利影响。

即使知道有这种风险，企业也要公开信息。这样的话，自己的企业会赚钱，对方企业也会认为“与堀场合作会有钱可赚，我们要更加努力”。

别人对我好，我也会对别人好。相反，别人对我很差，我也不会对别人好。这是人之常情。

以前，有家知名企业让我们“做一件新产品的样本”，于是我们做好之后提交给了对方，可没想到对方却把样本交给了竞争对手。竞争对手做出了同样的产品，价格只是我们的一半。因为竞争对手没有产生开发研究经费，所以即使价格是我们的一半，他们也能赚钱。

我很生气，决定以牙还牙。有很多计量仪，在全球只有堀场制作所才能生产出来。那家知名企业想订购其中的一种，我说："对不起，预订已满了，交货期需要 6 至 9 个月。"

其实，只需要 3 个月就能做好。恰逢国家启用新的计量规则，这种计量仪必不可少。该企业的相关业务负责人非常焦虑，"请一定帮我想想办法"，我才不管。

欺负合作企业，必定会被以牙还牙。

与人方便，就是自己方便

对于合作企业，我们会告诉他们，"请与堀场之外的其他企业也建立联系，保持自立"。虽然只与一家企业合作，生产商也能吃上饭，但企业经营者就会渐渐地变得疏于思考，这样对企业发展不利。

我劝告他们："在与堀场合作的同时，应用自己的技术，也与其他企业合作，这样会收获更多。"虽然与其他企业合作会存在泄露技术信息的风险，不过如果最终能打造出自己独有的专项技术，就不必担心了。

合作企业有新的一把手上任时，我们会请他来参加研修。

从财务报表的审阅方法这种基础知识，到“注意这点的话就不会被客户抛弃”等做贸易的秘诀，我们都会教给他。正因为有这样的来往，我创业时就开始合作的企业，历经 5 五六十年，即使目前对方企业已经是孙子辈的人在掌管，可依然生意兴隆，技术精湛，且竞争力强。

而且，在合作企业进行融资的时候，我会给金融机构打电话，“我会购买该企业新设备生产出来的产品，这笔资金一定能还上。”

在融资形势严峻的年代，堀场制作所和合作企业共同积攒出保证金，以此为担保，相互支持向金融机构贷款。

听到这些，有些人会赞美我：“堀场先生真是有大气量的企业经营者。如此向合作企业公开信息、支持其生产经营，真不简单呀！”

不是这样的。正如前文所述，其实我“打了小算盘”。

为了自己能够轻松地经营企业，与其激怒对方、惹恼对方，不如让对方高兴。我并不是仅仅当一名志愿者。

这和追女孩子是一个道理，对我来说相对简单。如果对女性行使强权，那么对方一定会逃跑。不是压迫式地要求对方“和我在一起吧”，而是送给对方虽然不昂贵但是却满含心意的礼物，告白道“只为了你一人”，对方一定会心生好感。

无论是和女孩子相处，还是做生意，都不能强迫对方。让对方高兴，构建双赢关系才是秘诀。一方很高兴，而另一方却不高兴，这样的关系，无论在什么样的情况下，都不会长久持续的。

“一切都是我的责任”是最精彩的台词

企业经营者应勇于承担责任，如果只是一味地逃避责任，就不会感受到经营的快乐。

负有全部责任的同时，企业经营者也拥有最高权限。虽然可以赋予员工一定的权限，但是最终决定权还是归企业经营者。责任和权限，是一对一的互补关系，并不存在一方大于另一方的情况。

职业经理人式企业经营者往往不会一个人全权处理，做重大的决断时，有必要征求大股东和高管们的意见。

所以，只要不是沦落到即使裁员也无法控制赤字、从银行也无法借到贷款的境地，企业经营者就无法做出决断。

个体所有企业经营者倘若觉得这样持续 5 年的话，企业就会走上歧途，那么他会毅然决然地立即做出决断。不仅仅是因为个体所有企业经营者身为大股东，更因为他有责任去行使权限。

管理者要勇于承担责任

我从成立公司的那一刻起，就决心成为个体所有企业经营者。不是被动地接受“不能逃避责任”，而是主动地意识到“不能逃避责任”。

要勇于挑战有风险的工作。我经常对我们的员工开玩笑说：“我给你们提供这么有趣的工作机会，你们还想向我要工资？应该我向你们收报酬才对吧。”

日本人能够正确理解风险管理吗？我可不这么认为。

当然不能做鲁莽的挑战。所以，风险管理本应该是把冒险可能造成的损失降到最低，可许多经营者却误以为不冒险就是最好的风险管理。

稍微需要承担风险的时候，有些人就会事先准备好退路，“我并不愿意做这件事，可迫于周围的压力下了决断”。如果事先对员工说定，“如果失败了可就糟了，你可一定要把事情办好了呀”，这样一来，员工也不会感到有趣了。

个体所有企业经营者就应该敢冒大的风险。我看见面对风险不敢出手的人，便会惊讶地想，他为了什么而成为个体所有企业经营者的。

“不愿承担全部责任”的人，还是不要做企业经营者了。但无论是谁，这一生都想说一次这样的台词，“不管怎样，责任全部由我来承担，大家努力拼一次吧”。

只有个体所有企业经营者才有特权说这样的话。这是最潇洒不过的事了。

有些上司让下属冒风险，遇到困难，下不来台的时候，便挺起胸膛对下属说“出了什么事，责任我担着”，看到这种情况，我不禁想笑。作为个体所有企业经营者，在我看来，“你根本无法承担责任”。

犹豫不决的人容易被淘汰

的确，做决定的时候，我也感到很恐慌。说得极端一些，发售新产品时，感觉就像是在赌博一样。

个体所有企业经营者以公司的名义做决定，与以个人投巨额资金做赌博，仅仅是一纸之隔。没什么大的差别。

当然，这与中饱私囊这类赌博的目的不同。但是，不知道事情会怎样发展，这一点倒是与赌博很像。做重大决断时所依据的条件，是讲不出逻辑的。

向这边前进就会成功，向那边去就会失败，在经营的世界里，没有这么明确的选项可言。

所有事情都是概率论。我们能做的只有尽量多搜集材料，然后判定，向这边前进可能成功的概率会高一些，仅此而已。做了总比不做强。就是这么个逻辑。

但是，不管多么恐慌，都必须要做决定。不听取员工的意见、唯我独尊是万万不可取的，自己不认可就做了决定，这样也行不通。烦恼过后，做了决定就要坚定不移地向前进。

今后是对个体所有企业经营者有利的时代。犹豫不决的职业经理人式企业经营者，在追求速度的环境下显示出了致命的弱点。实际上，在因业绩恶化而认识到缺点的大企业中，让敢作敢为的“股东式的继承人”出任一把手已经开始成为一种趋势了。

我们必须重新认识个体所有企业经营者的有利之处、特权和乐趣。

承担的风险越大，获得的薪资也越高

企业决策者应该堂堂正正地拿高薪，从其发挥的作用角度来看，这是其应有的权利。

越是不起作用的管理者，越应压低自己的薪资。

作为企业经营者的各位，大家都拿到应有的报酬了吗？当然，企业刚成立时，需要忙于筹集资金，可能拿不到应有的报酬。

我们企业刚成立不久时，也很艰苦。我曾几次抱歉地告诉员工："对不起大家，发工资那天只能发给大家 60% 的工资，其余 40% 要在收回账款之后再发给大家。"

作为社长，我的报酬当然是给员工发完工资之后，从剩下的余额中领取。我曾经无数次低下头对妻子说："这个月有些困难。又开不出工资了，你想想办法怎么过日子。"

我想当时妻子也是操持得很辛苦吧。也许她背着我向娘家寻求了帮助。妻子了解我为了筹集资金而四处奔波的情况。她心里清楚"这个月情况不妙"，这个时候便提前做好准备。

比知名企业社长工资更多

筹集资金情况有所好转是在创业 5 年后。业绩稳定后，我也拿到了丰厚的报酬。与中小企业相比，我的报酬算是很高了。正因为此，也发生过一点纠纷。

曾经，有家知名电机制造商是堀场制作所的大股东。他们出资的条件是，要在堀场制作所里安排高管人员。可是，来这儿就职的高管人员刚刚上任不久就大发雷霆。

“这么小的一家企业，社长的工资竟然与 A 企业（那家大企业）社长差不多，真是太不像话了。”

我听了之后很生气，与他争辩起来。

“这是因为 A 企业社长的工作做得不到位。如果我不在堀场制作所工作的话，这里的盈利连现在的五分之一都不会到。我只索取了盈利的百分之几，有什么不对吗？A 企业虽然是大企业，但社长对盈利的贡献最多只有万分之一。”

那名高管便愤懑地沉默了。

降薪并不能逃避责任

日本大企业的社长，其实也没有突破员工劳动的范围。目前，大部分社长是从下边升上来的，没有企业的所有权。当上社长大概 5 年后，便会因为干了什么坏事，在镜头前，低下头说句“对不起”，就辞职了。实际情况是，他们想拿高薪，却没有付出与之相符的劳动。

最令我生气的是有的社长说：“业绩恶化，为了承担责任，我降薪了。”难道你认为可以拿降薪当免罪符吗？而且，还把这件事情公开发布出来，看得我都觉得替他们惭愧。

当然，如果薪酬是 100 亿日元，减掉几个月的工资，也就是数十亿日元，把这些钱留给企业用，那还有情可原。但是，恰恰是那些降薪的社长，其实薪酬数额并不高。

为什么他们会有这样的想法，那是因为他们没有责任感。使企业持续赢利，回馈股东和员工，这才是企业经营者的责任。正因为不理解这种责任的重大，才会有这种愚蠢的想法，“给自己降薪，以取得别人的原谅”。他们的脑中只想着做这些面子上的事儿。

也就是说，他们并不是企业经营者。虽然论头衔，他们是企业经营者，但他们实际上就是白领。员工不会想“社长降薪了，这是自作自受”。不降薪也可以，只要能让企业重新振兴，我们就会欣喜万分。企业经营者就应该大声宣告：“我们一定拼命让企业重振雄风！”

金额不重要，规则最重要

根据企业规模的不同，社长的年薪的确有一定的市场价位，不过特意跟随这一趋势是没有意义的。但是，只要承担了责任，企业经营者无论拿多么高的年薪都可以吗？不是这样的。

正如前文所述，堀场制作所于1974年在东证二部上市，并制定了规则，将税后利润的6%作为高管的奖金，将30%作为分红，确保员工的工资是劳动产生附加价值的60%以上。这就明确规定了在资本、经营、劳动之间怎样分配利润。

计算规则简单易懂，而且公开透明。只有认可这一利润分配规则的人才能成为员工或股东。如果觉得分配比例多或者少的话，那就请另谋高就吧。

“今年企业赚钱了，将工资总额上调2000万日元吧”“明年需要引进新设备，不要上调员工的奖金了”，这些做决定毫无规则的秘密主义企业经营者很多，但对于员工来说并不是件好事。

美国企业经营者的工资也不是一律都很高。假如使赤字200亿日元的企业扭亏为盈，那么企业经营者拿200亿日元的10%，即20亿日元，也不算很高。

但是，没有计算规则，比如公司赤字严重，社长却依然拿着几十亿日元的高薪，那么美国员工也会愤怒。

中小企业的个体所有企业经营者应明确计算规则，这样即使拿了高薪也没关系。我认为，在认识到企业经营者责任重大的基础上，明确规则这一点是十分必要的。

如果状态不佳，就不要做决定

做出重要的经营判断时，谁都会感到恐惧。

调整身体状况，在状态良好时做决定，

犯的错误就会少一些。

向左还是向右？向前进还是保持原地不动？做出决定真的很难。A 正确的概率是 100%，B 正确的概率是 0，这样黑白分明的判断谁都能做。但是在企业里，做这样的判断是年轻员工的工作。

同样，做 80:20 的判断是组长的工作。课长是 60:40，到了部长，就必须做 55:45 这样比较困难的判断了。而社长需要做的判断是，A 正确的概率是 50.001%，B 正确的概率是 49.999%，两者的差别极小。

A 看起来很好，不过失误的话，就会让自己陷入窘境。B 虽然风险很小，但总觉得缺点力道。无论怎么收集材料，也弄不清到底哪个是正确的。这样的情况会常常摆在社长面前。

我面对的是堀场制作所的众多员工，想一想自己的判断将会影响这么多人，无论谁都会感到害怕，即使是我也会害怕。员工们都有自己的家庭。我也要面对一直以来支持我们的合作企业，当然还要面对我们的客户。如果我在判断上出现了致命的失误，堀场制作所若是有个万一，将会给以上这些人带来不可估量的负面影响，其后果不堪设想。

但是，无论怎么烦恼，在50.001:49.999的世界里，做出合理判断是不可能的。因此我注重的是状态。

身体状况不好是犯错的根源

有一次，我们在一个项目上失败了。如果拿下这个项目的话，我们会生产出新颖的产品，不过为了推进研发，我们需要借助其他企业的专利技术。我私下打听了一下使用该专利技术的费用，比预想的价格要高出一位数。

投资额巨大，如果产品卖不出去，该如何是好？于是我选择了放弃。可是不久后，其他企业买下了那项专利技术，研发了我们原本计划要研发的产品，并且在市场上大受欢迎。“当时我们研发就好了”，我懊悔不已。

为什么那个时候，我们没有向前更进一步呢？回想起来，那阵子将近一个月我的身体状况都不好。虽然没有到生病的程度，但是一直觉得甚是疲乏。在我身体欠佳的那段日子里，我在状态最差的一天做了这个决定。

无论在此之后还是在此之前，我都没那么胆怯过。也许我在本能地避免让自己变得更累。如果决定推进研发，那么随之而来，自己要照看的事情一下子就会多起来。

许多上了年纪的社长都很保守，我想可能和这个道理相同吧。年轻时，我经常出差奔赴美国或其他地方，可是上了年纪就不行了。所以会比较容易倾向于回避做一些有风险的决定。

磨刀不误砍柴工，调整好状态再做决定

经历这次失败之后，每次我要做经营方面的决定时，都要确认自己精神上和肉体上都状态良好。

我十分重视自己的状态，当状态不佳时，我会有意识地

进行调整。例如，有些时候，从早上起来，做什么事情都不顺利。想简单地完成一些事情，可是没想到却受到了阻碍，上班途中，平时很顺畅的路上，却因堵车而迟到了。像这样状态不佳的时候，基本上公司的日程安排也都是满满的，让人没有喘息的机会。

这时，我会重新制订计划，把一天的计划重新排列，以新的心情迎接工作。“这个会议取消”，虽然这么一说，秘书会感到很为难，不过不在状态，勉强行事的话，做出错误决定的可能性很大。

调整状态后，我便利落地做各项决定。判断是 A 还是 B 时，并不是依靠明确的逻辑，而是凭借喜好。天妇罗和寿司我都喜欢，而今天午饭我想吃天妇罗，其实和这种心情是一样的。决断的瞬间，凭借喜好就可以了。

当然我也犯过很多判断上的错误。做企业经营时间久了，不可能所有的判断都正确。自己做的判断会成功还是失败，最后就看天命了。

最要不得的就是不做决定。虽然这说起来感觉有些装腔作势，不过在创业初期，在做许多决定时，我也曾难以下定决心。当时我经常向负责事务工作的妻子征求意见，“你怎么想？”

这时，妻子反问“你认为哪个好呢”，我说“我认为是这个”，于是她大声呵斥“那就这么做，不就行了吗”，其实我心中早已做出了决定，只是希望有谁能够再支持我一下。

社长的终极工作就是做决定。如果社长只是拖延不决、迟迟不下结论，那还要社长有什么用？

让股权出去，让资金进来

身为创业者，我持股较少。

因此，可以借此机会，让企业外的股东对企业框架进行完善。

因为是自己100%出资创业，所以就认为可以随心所欲地做经营，这种想法很危险。很幸运的是，堀场制作所这家企业并不是以我的资金创建的。

有人监督就不会随心所欲

1953年我们企业变为股份公司的时候，我的持股是10%。70%是向京都经济界的熟人筹集来的。我父亲持股20%，这样堀场家持股共计仅仅30%。

在股东里，有两人是企业外聘董事、一人是监察，每月高管会议时，他们会发布上个月的决算和这个月的收支计划。从成立第一个月，就开始做每个月的决算。

高管会议非常严格。

尤其监察是个丝毫不肯妥协的人。如果我与客户去喝酒，结账时花的是公司的经费，那么在下个月高管会议上可就要受苦了。

“花这个钱的目的是什么？”

“哦，为了能拉到订单，就差最后一步了。”

这么含糊的理由是不可能过关的，监察会在这之后一直关注经费的问题。

“为了争取订单，可以花招待费，后来拿下订单了吗？”

“还没有。”

如果过了三个月这笔订单还没拿下的话，我就会被批评得很惨，“你这些经费的使用并不合理，请别人吃了饭，可每 5 次只有 1 次能拿下订单，这种浪费经费的现象是不允许的。”经费被“捆”得很紧。

把“家业”转变为“企业”

而且，这些股东要求“聘用执业会计师”。日本设立执业会计师制度是在我们企业成立 5 年以前。在京都，那个年代仅仅有几名执业会计师。

执业会计师的顾问费用高得出奇，是我工资的 3 倍。“作为社长，我最卖力，这样做太残忍了吧”，我向股东们说出我的不满，可一句话就给反驳回来了，“为了你的工资能更多，那你就让公司挣更多的钱不就可以了。”

详细的从业规定是必不可缺的，这与企业规模无关，所以我们企业很早就制订了相关规定。

正因如此，当企业股票上市时，我们就轻松了。周围的人都担心地说“上市时要对企业内体制进行整改，很辛苦”，但是我们完全没有“上市苦”。

之所以上市，是因为我曾经问过股东“出资这么多，怎么回报你们呀”。对方回答“最好是让企业上市，使股票卖得高些”。

此后，每次增资，股东的持股比率就会下降，公司成立时，我能身在这种环境中，真是学到了不少东西。最不容易的是，公司从“家业”转变成了“企业”。

我们公司在创业时也是一家典型的家庭式工厂。工厂内的值班室住的都是家人，会计等事务也交给妻子来做。现在的社长（长子堀场厚）也是在那个值班室出生的，上小学时也住在那里。

但是，公司整顿不久后，家人就搬出了值班室，我也不让妻子做与公司相关的工作了。我明确地和她说：“你照看孩子，我在外面忙事业。我们各自分担任务，互不干涉。”

妻子管理财会方面的事务时，丈夫不会乱花钱，其实也是有好处的。但是，经营主要就是让资本、经营、劳动三者之间维持“三赢”的关系。

企业经营者每月创造利润，将盈利情况向股东和员工公开，做好利润分配，这样企业运营就能实现良性循环。在这一逻辑中，没有“家业”的立足之地。

这样，我能够深入思考企业经营也是因为有陌生人即股东的存在。

虽说如今儿子做了企业的社长，但是我并非有意让堀场家的人一直来经营这家企业。

如果不摒弃家业意识，就不能明确分清家的内和外，最后就变成“连灶台上的灰都是我的”。迄今为止，我看见了许多企业因为家业意识而失去成长的机会，或是业绩大幅度落后了。

在我们物理学和化学机械这一业界，丈夫当社长，妻子当副社长或是专务董事，这样的企业都没有长足的发展。

从这一事实看来，堀场制作所之所以能够发展，多亏了堀场家所持股份较少，而且我在较早的阶段就意识到了企业应有的发展之路。

“胆小的经营者”才能成功

挑战高风险 & 高回报，看上去很酷。

但真正的企业经营者应该将目标直指低风险 & 高回报。

经营者也需要胆小，那就是将风险降到接近于零。

有一次，我和 Mont & bell 公司（大阪市）的创始人辰野勇（现为 Mont & bell 公司会长）一起在电视上参加了一档谈话节目。堪称世界级冒险家辰野的讲话令人感到意味深长。

“攀登过（瑞士名峰）艾格峰的北峰，或是敢从瀑布上往下跳的人，常常会被人说‘你可真有胆量呀’，其实正相反。无论是登山还是顺流漂游，如果成功的概率不在 51% 以上，我是不会去做的。大多数的情况下，有 80% 成功的可能性我才会去做。因为我比别人更胆小。登山之前，我会预测在到达山顶之前所有可能发生的事情。如果发生雪崩了，怎么办？如果刮起强风，怎么办？把预测到的情况都想一下，不去打没有胜算的仗。与其说是自己制订计划，不如说是去见证一下计划的结果。”

听了辰野的这番话，我觉得冒险与经营如出一辙。

匹夫之勇要不得

有人说“风险商业是高风险 & 高回报”，如果真是高风险 & 高回报的话，莫不如不去做。这是有勇无谋的挑战，是匹夫之勇。怎样才是追求低风险 & 高回报呢？这就是企业经营者大显身手的地方了，也是真正意义上的风险商业。

即使是被认为“善于挑战”的企业经营者，其实，其中大多数人在行动前也做了严密的计划。堀场制作所也是这样，如果我只是说“这个研究很有趣，大家努力研究”这样的话，我们难免会在某个步骤失败。我们企业能够生存下来，得到发展，是因为作为企业经营者的我有些胆小。尤其是在财务方面，当初我是外行，所以感到很恐惧。

遇事小心谨慎，就不容易跌倒

最具有代表性的是，以前我们取消了无借款经营模式。减少借款，就会相应地减少经营上的风险，可一旦进入无借款经营模式，就很可怕。说可怕，是因为没有审查投资的机制。个体所有企业经营者将经营权限集于其一身，基本可以自由支配资金。可是如果有借款的话，对口银行就会对我做出忠告，“堀场先生，花了这么一大笔资金投资设备，如果销售量那么少的话，你打算怎么善后呀。”

最初我感到有些烦，“一位不懂技术的银行员工，竟然这样说”。可仔细审查了投资项目的相关条件后，才发现当时的计划很不成熟。计划最低5亿日元的投资，如果精打细算的话，3亿日元也许就足够了。

实际上，如果是无借款经营的话，可能因为投资标准不够严格，投资效率低下，收益率也下滑。“比起贷款的压力，没有银行作为第三方进行监督才更加危险。”所以，我放弃了无借款经营。虽然银行员工缺乏技术方面的知识，但是连银行员工都不认可的项目，最终还是无法顺利推进。那时我便体会到了无借款经营的优点和缺点。

作为企业经营者，我的胆量比较小，其中一部分原因也是受他人所教。在前面我也提到过，我们企业成立时，有几位京都经济界的领军人物当了我们企业的外聘董事和监察员。他们也出资了，所以在企业经营方面对我要求十分严格，已经到了令人生厌的程度。

每月高管会议上公布的收支情况，如果与前一个月预测的不同，可就糟糕了。“堀场，上个月你可说过正在与客户确认订购事宜，为什么最后没有拿下订单？”“这笔贸易为什么在交易时价格降低了20万日元，请说明一下。”诸如这些细致的问题，我不断被严加追问。

这样的情况每个月都在持续，一来二去我就有了敲打石桥的癖好。万事不随意猜测，而是要掌握依据。中小企业突然被大客户取消订单，因而陷入经营危机，这样的事情经常发生，但却一次都没有发生在我身上。我在做经营时，考虑了所有的可能性。敲打石桥，脚下就不会跌倒。

因胆小而快乐

企业中有员工、投资者，同时企业也要面对客户。

也许有人已经在期待着，“如果能生产出这种产品，我想买来用一下试试。”可是如果企业瞄准高风险、高回报，一旦失败的话，危害的可不只是企业经营者自己一个人。失败会给善意的第三方带来麻烦。

所以，必须竭尽全力把风险降到最低，而成功的话感到高兴的不仅是企业经营者一个人，投资者和客户也会感到高兴。这就是游戏和商业的区别。

我们企业的企业哲学是“新奇有趣”。但是如果我们连企业能不能撑到明年正月都不知道的话，员工就根本无法“新奇有趣”地工作。想为员工创造“新奇有趣”的工作环境，其前提是在经营上严格要求。同时也要求企业经营者要胆小。

正视压力，才能化压力为动力

无论什么企业，懈怠了就会倒闭。

不要被压力打倒，把握住自己最重要。

最让企业经营者感到有压力的是什么事情呢？这就是感到企业要倒闭的恐惧感。即使现在，我也时常会感到恐惧。不管企业有多大，不管是多么令人羡慕的一流企业，都没有绝对的安稳。不管怎么说，美国宝丽来公司都破产了。

宝丽来破产

宝丽来一次成像相机第一次发售是在 1948 年。拍摄相片即刻就能洗出来，这对当时的技术人员来说是一件非常了不起的事，技术人员惊讶地看到梦想终于实现了。同时，这项技术也申请了专利，其他公司难以效仿，当时的宝丽来可以说是所有企业心目中的理想企业和目标。

数码相机于 2001 年问世之初，宝丽来瞬间倒闭了。宝丽来资金雄厚，无论怎样也能投资研发生产数码相机吧。可是他们却没能很好地应对变化。我知道宝丽来的强大，也通过宝丽来体会了王国崩塌的恐怖。

对于我来说，这是一个巨大的打击。比自己更强大的人失败了，有时会比自己经历失败打击更大。我本以为成为宝丽来这样的一流企业，就不会担心有倒闭的风险了，可实际上根本不是这样。

无论在哪个领域，技术都会持续进步，最后这项技术将被广泛应用，这是各业界的常态。摒弃专有技术，因为迄今为止引以为傲的技术方法在以后会变得很平常。经过宝丽来的破产，我再一次深深地领悟到了这一点。

例如，冲咖啡的技术。最近咖啡生产商技术进步了，人们在家就可以轻轻松松地品尝到美味的咖啡。因此，街上咖啡店的功能实际上就转变成了为大家提供一个休闲放松、朋友之间聊天的场所。

“我们店里的椅子很硬，气氛也不是太好，不过咖啡非常好喝”，这样的咖啡店今后一定会倒闭的。虽然不能提供超级美味的咖啡，但是沙发、背景音乐等创造了新的价值。

这样的咖啡店今后会渐渐增多。

化压力为动力

即便是夏普的液晶技术也是一样，从显像管到显示器，现在回过头来看发展的经过，技术的广泛化应用一目了然。此外，这几年来发展迅猛的3D打印机，将意味着金属模具铸造技术也不再那么重要了。

堀场制作所所处的分析仪市场，经过日本泡沫经济破灭、雷曼兄弟公司破产引发世界性金融危机后，依然有一定的市场需求。就像水和空气不能消失一样，物也不能消失。只要有物，就有测量的需求。

当然，如果出现了比堀场更优秀的分析仪制造商时，我们也很有可能倒闭。连宝丽来都倒闭了，所以我根本不敢断言，堀场就不会倒闭。

能够生产最优质产品的企业，动辄就有依赖这一种产品的倾向。这样也许就伴随着破产的危机。但是，所有企业的目标都是生产出最优质的产品。

到头来企业经营者还是逃脱不掉企业可能倒闭的压力。

但是，如果企业经营者消极地认为“受够了，真想摆脱这种压力”，那些企业就真的不行了。如果企业经营者对破产保持警醒，那么经营就会更加慎重，所以要积极地对待压力。

没有解决不了的问题

再说一次，我一般会想办法使平时的经营轻松简单。即使企业经营者不刻意强调，员工如果能够“新奇有趣”地工作的话，企业依然会发展。这样，企业经营者就不会感到额外的压力了。

而且，企业经营者平时要乐观地生活。这不是在说精神论，我一直有这样的信念。从道理上来讲，世上没有解决不了的问题。

例如，以往世界的数学家都解不开的超级难题，几十年后便会得出答案。这当然了，人设计出来的问题，肯定有答案。

企业经营也一样，即使陷入困境，如果坚信能够克服困难走出困境，拼命努力的话，一定会找到解决方法。

从前，我在推进电容器工厂建设的时候，赶上物价暴涨，怎么办才好？一瞬间，我感觉眼前一黑，绞尽脑汁思考着，难道就要这样放弃了吗？于是我调整方向，开始生产pH计量仪。

pH计量仪是调整电容器的电解液时所必需的设备，所以我们就自行制造了。不过，当初并没有要在市场上发售的计划，当时正赶上日本受到美国增产的影响，需要测量肥料pH值的装置，所以我们的产品受到了好评。不知不觉"堀场pH计量仪"逐渐被人们知晓，从此以后，企业开始发展了。

怎样处理压力？可以说，从这一点上能看出企业经营者真正的实力。

谈对方感兴趣的事，对方才会给你办事

站在客户的立场，谈客户感兴趣的话题。

根据客户的不同，采取不同的策略。

从前，日本中央政府各官厅就出台过很多有关支持中小企业发展的政策。无论是发展新事业还是投资研究开发，只要中小企业做的是积极向上的事情，政府部门就会出资支持。即使这样，大多数中小企业也没有积极地利用好这些政策。

当然，资金充足的企业就不必说了。可偏偏是经常抱怨“没有资金，没有资金”的中小企业的社长，才收集不到有关这些支持政策的信息。在我看来，完全无法理解。

对手不同，应对方法也不同

我创业之时，曾经频繁前往中央官厅的通商产业省（现经济产业省[1]）。我会契而不舍地追问：“这次我要做这个

[1] 隶属日本中央政府的直属省厅，是负责实施经济社会体系的政策和运营的中央行政机构。

项目，能否出些资金来支持吗？有没有好的政策？”即使对方说没有，我也不走。还不断地鼓动对方说：“如果能实施这样的政策，社会上的中小企业都会高兴的，快出台相关政策吧。”

风险企业的社长，不这么做的话是不行的。在这个过程中，提早得知一些政策消息，比如不用偿还的政府补助金，或是只需要返还本金的政府补助金，这样就可以吃透政策，有效利用政府补助金。

拿到政府补助金之后，金融机构的态度也变了。他们会说：“堀场这位大叔虽然在技术方面讲的东西有点复杂，可通商产业省居然借钱给他了。”政府补助金代替了金融机构对项目的鉴定，或者说就像从上级得到了保证。政府补助金的金额虽少，不过拿到补助金之后，再从金融机构借款也变得容易多了。

不仅这样，如果对客户说“这是用通商产业省借来的政府补助金制作的产品”，客户便会表示感兴趣，“真的吗，那我可要看一看”。

即便与中小企业的社长说了这样的事情，他们的反应也很迟钝。如果申请的话，国家就会出资金支持，为什么不申请呢？

有人找借口说："手续太麻烦。"的确，写申请书很费事，但是，当然要展示清楚"在这项事业成功之际，会产生这么多利润"。如果不清楚该企业是否能够产生利润，是否能促进就业，对于这样的企业，谁会出资呢？

即使这样，中小企业的社长却愤怒地说："帮助有困难的中小企业是国家的责任。"这完全没有道理，这就像是雏鸟张嘴等待老鸟来喂食一样，可不是什么时候都能赶上有食可吃。

谈对方感兴趣的话题

大部分社长在筹集资金方面做的努力还远远不够。

在我创业的时候，还没有风险企业这么洋气的词，被称为"学生风险投资的开拓者"是很久之后的事了。当时这只是一些零散的企业。

当时还没有中小企业金融公库（现日本政策金融公库），于是我一次次地登门拜访都市银行和地方银行，可多少次都被拒绝了。我被别人赤裸裸地说道：“像你这样的零散企业，还经常摆架子到这里来借钱。”

可是，即使抱怨也没有用，银行的人只是不理解，没有中小企业，日本就无法发展。于是，我改变了想法。我简单易懂地教给他们吧。

例如，对当时的日本兴业银行，我是这样说的：“如果使用我们的分析仪，化工企业的生产效率，每家至少提高5%，如果有30家、40家企业在使用的话，这对国内经济将会产生怎样的影响呢。”

因为日本兴业银行的员工喜欢谈论天下国家，所以我知道与对方说起关乎国家兴衰的大事，对方会感到兴趣盎然。不出所料，对方立即就抓住不放了，“什么，有这么大影响！”于是我成功借到了资金。

与日本兴业银行不同，对于注重地区贡献的本地银行就要说明：“这么做，当地的就业岗位会增加，我们企业也会增加几十人乃至几百人的就业岗位。”要思考对方想要的是什么。

筹集资金与销售如出一辙，如果直接跟对方说“请购买测量仪吧”，这样肯定卖不出去。如果告诉对方“用这个测量仪的话，贵公司的生产效率会提高这么多”，这样对方一定会感兴趣的。

对方想吃酱油口味的薄切肉，而我们提供给他的却是味道浓重的厚切牛排，我们当然会被告知“我不想要这个”。“我能实现你所期望的事情”，要给人这样的印象，展示这样的案例。这样，让对方感兴趣，筹集资金、销售产品，才叫作经营。

迄今为止，我见过许多风险企业经营者。从经验上来看，确实有许多人认为“我讨厌为了向银行借钱，竟然那样低下头”“我是技术人员，做不了销售”，这样的社长，其企业绝不会有长远发展。

立即丢掉这些多余的自尊心吧。

社长退休越早，公司的利益越大

搞活经济，年轻的经营人才不可或缺。

战后日本能够飞速发展，是因为上层领导人辞职了。

安倍经济学能否让日本变得更好？如果我是安倍晋三的话，马上修改商法。加一条“60 岁以上人员不能担任上市企业的高管”。

企业有了活力，也就有了竞争力

为什么我会这么想呢？其实历史已经给出了证明。战后的日本能够在短期内成为世界第二的经济大国，归根结底，理由只有一个，因承担战争的责任，大量的企业高管辞去了职务。而代替他们就任高管的，是之前担任部长或课长的人。表面上是同一家企业，而实际上经营阵容突然间变得年轻了。

而且，因为空袭，许多工厂都烧毁了。各企业都重建工厂，引进最先进的设备。年轻的经营阵容不受前例和旧习俗的束缚，以自由的发散思维来经营企业。而且企业的新设备都具有高性能。在这种情况下，日本经济不可能不发展。

甚至，像我一样单枪匹马从零开始创业的年轻人很多。例如，村田制作所、Wacoal[1]、罗姆半导体集团、京瓷集团等。京都被称为是风险企业的宝库，其中一大半都是战后10年间创建的企业。

在三菱、住友等大企业中，年轻的经营阵容从零开始对企业进行整改。从这种意义上来说，他们也接近于新创企业。可以说，战后的日本，无论什么行业，都充满了新兴创业。二战后由年轻人掌管企业，这种情况与如今企业经营者高龄化的现象形成了鲜明的对比。

所以，至少使上市企业法制化，国家应该支持、倡导体制的年轻化。这样日本一定会有活力。

提倡“50岁退休论”

我53岁时，就从堀场制作所社长的职位上退下来了。

[1] Wacoal，日本女性内衣品牌。

以前我就提倡“50 岁社长退休论”。很遗憾，我比预想晚了 3 年。即使这样，我也算是比较早的了。

人的能力在 40 岁时最强，有智慧且经验丰富，身体也强壮。40 岁时正适合当社长，从 50 岁起的 10 年，就应该专心辅佐下任社长。60 岁时退出高层，不再从事经营。这才是理想的状态。

我在京都宣传“50 岁退休论”，遭到了众人的嫌弃，“蠢人，不要说那些多余的话了”。许多人认为 50 岁从社长的位置上退下来有些为时过早。但是，已经上了年纪的大叔们一直守在社长这个职位上的话，改革创新就开展不起来。

我把社长的接力棒递交给了比我小 9 岁的研究人员。他当社长一直到 60 岁。之后，我的儿子（堀场厚会长兼社长）在 43 岁时当上了社长。

我辞去社长的职务后，为了给京都乃至日本加油打气，开始支援中小型风险企业。如今，我还在担任“京都市风险企业鉴定委员会”的委员长，为培养创业者贡献一分力量。

我当了 33 年的社长，做了 36 年的支援活动。后者的时间已经超过了前者。

当今时代环境已经不适合那些思想陈旧的企业经营者了。最近，我深切地感受到“生产出好产品，就能卖出去”的时代已经过去了。索尼、松下等大厂商，不管生产出品质多么高的产品，只要消费者没有购买的欲望，就卖不出去。以前，只要品质优良，大部分产品都能卖出去。

这就好比，请一个刚吃饱的人去吃饭。很早以前，如果有高档牛排的话，谁都会愿意吃，可如今，只要人们不想要，即使免费也不会吃。过去和现在的商品生产，在这一点上存在根本性的区别。要打破这一壁垒就需要有新的创意。

即使这样，企业如果突然对努力奋斗的高管大叔们下最后通牒的话，会让人觉得他们有些可怜。因此，作为零用钱，可以每个月给他们开 100 万日元的工资。

这些麻烦的大叔一直坐在社长的位置上不下来，如果做出什么奇怪的举动，企业很快就会损失 100 亿日元或 200 亿日元。每月花费 100 万日元，拜托他们“不要干预企业的事情了”。

开启另一种人生

大叔们用手上的这些工资，开始新的事业，如何？我说过“鳗鱼饭的人生”很重要。名古屋的特产“鳗鱼饭”是用鳗鱼和米饭制作的，它的特色是“一饭三吃”。开始是鳗鱼配上酒，然后是鳗鱼盖饭，最后是浇上热茶，吃茶泡饭[1]。

同样的，人们在工作生涯中，也可以享受3种乐趣。一过60岁就把职位让给下一任，用手上每月100万日元的工资再成立新公司，同时也为原企业做一些参谋。这样无论对于下任社长还是企业，都是一个皆大欢喜的结局。

如果在社长的位置上一直干下去，直到被员工在背后议论“赶紧辞职多好”，这就有失风范了。如果社长完全和企业一刀两断，从感情上是难以接受的，这可以理解。我自己也是，经常被问“堀场大叔还来吗”，还带着最高顾问的头衔来公司。

偶尔来公司一次，看在创始人特权的分儿上，大家会谅解的。

[1] 茶泡饭，日本的传统饮食习惯中的一种吃法。

挑选合适的继承人

让子女继承企业之前，应认清其性格。

如果不适合当企业经营者，

那么继承企业将毁掉子女的一生。

无论过去还是现在，我演讲时关于继承人的问题特别多。这时，我一定会这么说：作为父母，最重要的是发现孩子最擅长的一面，并使其潜力得到发展。对于本人来说，这是最幸福的。

也就是说，让不适合做企业经营者的子女继承了企业，其本人根本不会感到幸福。说得明白一些，就是不幸之极。

“我本想做其他事业，可是父亲让我继承企业，没办法，只能担任社长。我的人生根本不快乐。”我见过好几个人，都这样诉说着自己的悲伤。

虽然闷闷不乐，但是如果能做出成绩，那还说得过去。可是，一般情况下，社长闷闷不乐，企业也不会发展。业绩不佳的话，社长也不会被企业内外的人尊重。如果企业倒闭了，这才是悲剧。

能否承受重压

社长这一职业非常辛苦。“个体所有企业经营者和职业经理人式企业经营者不同，可以随心所欲地经营企业”，有人因此而感到羡慕，可并非全部都是好事。

职业经理人式企业经营者，即使在任期中企业倒闭了，也不会为生活而发愁。可是，如果企业倒闭的话，个体所有企业经营者也许会连全身的衣服都被扒光。企业持有者的责任重大，也需要有精神力量能够抵住这些压力。企业经营者的子女不一定都有能力抵住这些压力。

而且，经营者必须的基本资质不是别人能教会的。如果是传承技能的传统产业的话，可以从子女小的时候，手把手教给他，但是企业经营所需的不是技能之类的东西，而是思维方式。

因此，根据天生的性格不同，有些子女无论怎么教，也不适合做企业经营者。即使在父母强制的情况下，子女的性格也还是不能改变。

子女是适合做音乐家呢，还是有美术的天赋呢，还是适合做企业经营者呢？这完全要根据本人的实际情况来决定。每个人都有上天赋予的擅长领域，如果在擅长领域发展，会不亦乐乎。子女一心想走音乐之路，可家长让他做企业经营者，这样的一生是可悲的。

如果我的子女想做什么，我会全力以赴地支持他。我希望子女也能够“新奇有趣”地生活。为人父母，谁都会这么想。

如果子女没有做企业经营者的资质，那么就作为企业持有者，持有一定股份，把企业经营交给优秀的经理人就可以了。如果有女儿的话，就把企业交给女婿。虽然我不能改变女儿，但是我可以选择女儿的伴侣。实际上，在京都的老字号当中，上门女婿还真挺多。

追求自己喜欢的

我的父亲也曾教育过我，“追求自己喜欢的”。我的父亲是一名化学研究人员，可是比起化学，我更喜欢物理。虽然我和父亲同为研究人员，但是我当时想成为的是相邻领域的原子力研究人员。

可是在“二战”结束后，在大学里禁止研究原子力，所以我才自己成立了研究所，转向成为企业经营者。如果父亲严厉地对我说“你必须成为一名学者”，那么我人生的选择就会变得狭窄，也许就不会成为企业经营者了。

同样，我也让自己的儿子（堀场厚会长兼社长）做自己想做的事情。儿子说“大学毕业后，想去美国”，我说“尽管去吧”。儿子说“我需要零花钱”，我说“你自己去堀场美国分公司工作挣钱吧”。往往都是这种情形。

之后不久，儿子开始对企业提出要求，说：“本部应该完善地管理海外分公司。”“我们企业要是这么不完善的话，你过来进行改善吧。”于是，儿子便回国，来到京都和我一起工作。

因为是创始人的儿子，所以周围人可能更关注他，我却没有特殊照顾他。我也没有认为“企业继承人就是我儿子”，所以也没有交给他一些有关企业经营者的修养之类的东西。

不过，儿子按照自己的意愿，提出了调动申请，分别去过海外部门、生产部门、设计部门、营业部门，最后基本上走遍了所有部门，也取得了相应的成绩。

第二任社长并非是堀场家族的人，我对他说“你观察下公司全体人员，看看谁合适当下任社长”，对方回答“并不是特意讨好你，下任社长没有比堀场厚更合适的人选了”。如果儿子有能力的话，没有理由拒绝他，于是儿子才成为第三任社长。

从感情上来说，儿子能够当上社长，我的确很高兴。因为企业是我历尽千辛万苦发展起来的。因骨肉至亲继承了企业而感到高兴，我想这是人之常情。无论如何也要让儿子继承企业，我可以拍着胸脯断言，这种想法我的确一点儿都没有。企业经营者最好本着“公开 & 公平”的精神挑选继承人。

大家为了继承事业的事情而烦恼，这种心情我很能理解。即使让子女本人和员工都变得不幸，也要让子女继承企业吗？还是希望孩子能过得幸福？答案自然而然是明确的。

两个人说了都算，也就是说了都不算

如果将社长的位置让给儿子了，父亲就不应该再插手企业经营方面的事。

构建出立场明确的父子关系，是社会得以发展的根本。

关于继承事业的问题，无论在哪个时代都会让人感到烦恼，当地的企业经营者经常来找我咨询这些事。都是些让人觉得有些好笑却又笑不出来的事儿。

“我明明是顾问，可是儿子作为社长，却从不征求我的意见……”

给退休的父亲一些“玩具”

如果儿子需要听取父亲的意见，则往往会让父亲做会长。顾问、名誉会长等头衔，经常会任命给那些不想列其为商谈对象的人。话都提到嗓子眼儿了，我想告诉对方真实情况，但又担心他受不了这个刺激。

“如果当面跟儿子说‘要多征求我的意见’，那么儿子一定会感觉我很烦。可是，就这样下去，不作声的话，我还不甘心……堀场先生，我该怎么办呀？”

看着他在我面前絮絮叨叨，我就在想“还真是让人操心呀”。于是在那位父亲回去后，我给他儿子打了电话。

“你父亲很失落。面对一些小事情的时候，你可以向父亲咨询，不然，早晚他会直接干涉你的经营管理。”

与长辈商谈，是为获得幸福而积累善行，即类似功德之物。孝敬父母也可以使亲子关系稳定，甚至使公司稳定。

为了防止父亲的干涉，我们给出一些“玩具”吧。例如有业内人士交流或是当地的公益活动时，你就积极推荐他去，说这种场合只有他才能应付，他有其它事情忙，自然就没时间干预你的事了。

不在其位，不谋其政

因为父子二人的双头领导，导致企业失败，这类案例在过去不少。如果父亲时常干预，“这个项目不要做了”，“怎么能让那种人当高管”，员工们就会分不清父亲和儿子谁才是真正的领导。

父亲的意见也可能是正确的，可关键在于不应该从中插手。员工很善于观察上司。员工利用企业权责不明确，会在不同场合用不同的方法，“这件事去社长父亲那里，比较容易获得审批”“这件事对社长说，他会很高兴”。

这样的话，一旦出了问题就麻烦了。在这种情况下，不可避免的是两人相互推卸责任，儿子说“父亲说他来做”，而父亲却对儿子说“你才是社长”。这样就形成不了组织体系。

父亲既然把社长的位置传给儿子了，基本上就应该不再插手经营第一线的事情，儿子也应该在必要的时候征求父亲的意见。在继承事业上，处理好权力关系和父子关系，是至关重要的。

我在 53 岁时辞去了社长的职位，当上了董事会会长。第二任社长并不是我的亲属，是久经锤炼的技术人员。我对他的工作干涉得还比较多。而且，我还拥有企业的代表权，也有作为董事会会长的职责。

我与企业开始保持距离是在 1992 年，儿子担任第三代社长的时候。我放弃了企业代表权，而担任会长是在儿子上任3年后。不过，从他开始担任社长时，我就下定决心，“不再干预他工作上的事情”。

在两人独处时，我明确地告诉了他。

“从今以后，公司无论发生什么事情，全部由你来承担责任，‘这件事父亲怎么想’，如果你问我，我会给出建议，不过做出决定的，还是身为社长的你。”

从性格上来讲，我也并不喜欢插嘴。如果管，就全部都管。如果不管，就一点儿也不管。这样一来，儿子很惊讶，认为“父亲一点儿都不管了，让人很吃惊”。

说实话，公司是我一手创建的，要说不关心公司的事情，那是假话。看到他的一些做法，我也会想“明明是那样做比较好”，可是我如果说出来，加以干涉，堀场制作所就会变得有些奇怪。

无论如何都要插嘴的人，最好是一直当社长，直到离开人世间。终身社长，也是企业经营者的一条路。只是，这种情况要做好心理准备，自己离开了人世间，公司也就停业了。

与儿子的早餐会

1995 年，我卸任公司代表之后，儿子提议说每月进行一次早餐会。我和妻子，还有儿子和儿媳，四人相聚在宾馆的餐厅里。儿子很忙，我妻子和儿子见面的机会很少，妻子只是借此机会来看看儿子最近怎么样。所以，她基本只是静静地坐在一边听，不太讲话。

我们的话题，也基本上都是在闲聊。我年龄比较高，所以关系网也比较广。“那人看起来不正经，不过还是值得信赖”，诸如此类，我会给儿子一些建议。

有时儿子也会说：“我正在处理这样的案件。”当他烦恼时，我便会鼓励他：“你认为对，就去做，不用犹豫。”

我没有一次反对过他的意见。如果他做了很荒唐的事，我会劝阻他，不过，如果他本来就愚蠢，不适合当社长的话，我也不会让他继承公司的事业。我尊重他的全部决断。

在公司外面定期和儿子吃早餐，气氛很好，这与在公司内部和儿子见面时的气氛截然不同。

评 述

在堀场先生的经营论中，简单从事（easygoing）这个词经常出现。在日语里，这个词的意思是“简便”“轻松”“容易”。如果带有贬义语气的话，则是“偷工减料”。

即使这样，在日本企业经营者中，还没有人公开说“自己的经营信条是简单从事”。堀场先生大胆说出了这一观点，但有时也被视为“另类”。

但是，如果用心倾听堀场先生的真意，就会懂得他的话其实是经营的正道。简单从事的根据，共有这三点：

1. 企业经营者的工作范围更加广泛了；
2. 把工作交给员工，员工才能成长；
3. 减轻负担，企业经营者本身才能够新奇有趣地工作。

首先是第一点。实际上关于这一点，堀场先生很少提及，在这里我却想要说一下。近年来，企业经营者的工作范围急剧扩大。

例如，怎样才能使企业的资金高速周转，使利益最大化，如果对财务方面没有感觉，很难成为企业经营者。正如大荣株式会社的创始人中内功先生曾提倡“销售额可以治愈一切”，以前那个时代的经营是销售额至上主义，这已经犹如隔世。

而且，如今也不是只要生产优质产品就能销售出去的时代了，以技术决胜负的镇上小作坊，也需要树立品牌、拥有市场方面的意识了。

甚至，国际化应对能力、法律法规遵守贯彻能力等，在二三十年代根本不做要求的这些能力都压在了企业经营者的肩膀上。一个人承担这么多，会吃不消。

所以，作为企业经营者应该理清自己精力的重点要放在哪里，其他方面的业务就尽量交给别人来做吧。即，简单从事，这一想法顺应了时代要求。

第二点是培养人才。

“怎样把权限交给别人，这是经营的乐趣之处。这种程度的工作，如果交给他的话，完成效果会不会和我一样呢，或者比我还要好一些。我们就要寻找身边这样的人。如果能把任务交给别人，自己就可以不用做了。”

大多数创业者喜欢凡事亲力亲为，堀场先生很早就采取简单从事的办法，着力于培养人才。

以上两点是经营方面的重要视点，堀场先生独有的想法表现在第三点上。也就是企业经营者如果工作不快乐的话，就达不到理想中的经营状态。

为了社会发展，要让员工们能够新奇有趣地工作，最大限度地发挥能力。若想让员工能够新奇有趣地工作，企业经营者本人必须身先士卒，新奇有趣地工作。

为了将这一想法付诸实践，堀场先生下了很大功夫，通过本章可以明显地看出这一点。例如，“如此抵挡税务局来者”中，强调了在自己擅长的领域作战，会大力促进事情的发展。从这一点可以看出堀场先生对享受工作一事的执着。

从言谈举止来看，根本看不出来堀场先生有90岁高龄，他依然充满活力，记忆力比年轻人还好。这是他坚持新奇有趣生活的最佳证明。但是，为了能够新奇有趣地生活，他付出了不为人知的辛劳。这一点在“‘胆小的经营者’才能成功”这一节中已经写明。

正如堀场先生指出的那样，成功的、有名的企业经营者无一例外都胆小。松下的创始人松下幸之助曾经也论述过胆小的重要性。

如果说标榜新奇有趣的堀场先生胆小，有人可能会感到不太相信，其实情况恰恰相反，正是因为追求新奇有趣，所以胆小是不可或缺的要素。正因为脚掌在水下拼命地游动，水鸟在水面上才能看起来十分优雅。

这绝不是勉强地粉饰一下形式。新奇有趣地经营和为了经营而不断付出努力是表里如一的。简单从事这种经营理念也绝不应该成为批评的对象，这其中的机制是极为深奥的。

对话

堀场雅夫 & 村上太一

引人关注的年轻创业者、Livesense 公司的村上太一社长访问了堀场制作所本部。在早稻田大学的学生时代，他设计出令人耳目一新的兼职招聘网站，当时 25 岁零 1 个月的村上先生成功地使企业上市了，堪称当时史上最年轻的上市公司创始人。他和堀场先生二人，有几点相同之处。首先，二人都是从学生风险投资开始了自己的创业人生。而且，二人都是罕见地拥有强烈的好奇心，都是乐观主义者。具有极端冒险精神的这二人，让人根本感觉不出来其实他们有 62 岁的年龄差，并且在新奇有趣经营这方面都取得了成功。

对话的主题是“企业经营和冒险精神的过去与未来”。日本社会人口开始减少，未来日本发展的关键是什么？企业经营者应该思考些什么，又应该采取怎样的行动？二人所描绘的经营的未来趋势，集中在如何树立员工的自立意识上。

堀场先生1924年出生。村上先生1986年出生。实际上二人之间存在62岁的年龄差。

村上　有个问题我特别想向堀场先生请教。60年前的经营和现在相比，最大的变化是什么？

堀场　简单地说，就是现在的产品卖不出去。以前什么都没有，没有材料，没有生产设备，也没有人才。在什么都没有的情况下，只要能生产出像样的产品，就能卖出去。现在正相反，材料、设备、人才都应有尽有，感觉本应购买产品的客户却吃得饱饱的，普通的产品一律不要。最近年轻人也没有什么购买欲望。堀场制作所每个月都为员工开生日派对。我问新员工，“你现在想要什么”，以前的新员工想要跑车、电脑，可最近一段时间新来的员工却说，“没有什么想要的”。

村上　啊，我可能也是这个类型的。虽然我没有车……也不怎么能从消费活动中得到满足感。用我的话来说，就是我们成长在物质丰富的年代。

堀场　果然是这样呀。像你这样的年轻人越来越多的话，产品可就不好卖了。不管是产品还是服务，今后这一趋势会更加明显。IT（信息技术）行业也是一样。

村上　IT领域还有很大的增长余地，不过与10年前相比较，人们的肚子还是被填满了许多（市场饱和）。现在差不多是八分饱了。商业的基本就是消除不便利、解决问题。2006年我建立Livesense公司的契机，就是因为当时我找兼职感觉很不方便。但是，如今身边的不便利确实减少了许多。

日本社会少子化和老龄化趋势正在加速，据预测，2050年日本人口将跌破1亿。直面市场缩减问题，未来的企业经营者将会面临挑战。

村上 不是这样的。比如，我公司不是单单卖产品和服务，而是让人与人之间产生关联，所以业务仍有所增长。商业还是要看怎么做。我十分喜爱阅读有关预测未来方面的书。我会思考未来究竟会是怎样一个新时代，这非常有趣。

堀场 世上还没有弄清楚的事情，比已经弄清楚的事情还要多。即使在医学界，iPS细胞可谓划时代的研究成果，可是也只能依靠既有细胞来实现，人类连单细胞都还无法创造出来。我们能理解的事情还是很少，研究余地是无限的。如果能理解这些，市场一定会得到大幅度开拓。

村上　目前我在做人事类业务，同时对预防医学和预测医学也非常关心。

堀场　老龄化是个机会。我正在推动PPK（朝气蓬勃）运动。许多老人晚上出去和酒吧里的女人喝酒，生活因此富有朝气。将来如果瞄准酒吧俱乐部和茶馆，生意一定会更繁荣。让几名年轻漂亮的女士陪着老人，痛快地喝高价的威士忌。像村上这样的年轻男性，由大妈来陪着就好了。村上先生，我说这些可不是为了私利私欲，而是为了国家的财政。

村上　我也很关注老年人市场。前些日子，我的恩师退休了，可是他的精气神儿、体力都很好，还能接着干事业。应该为这些人寻找一些合适的机会。

Livesense 公司未来的愿景是“做理所应当的创新”。把对新事物的看法、做法，作为常识在社会上固定下来。我们就是想开发这种服务。如果我们有强烈的意识，用自己的双手创造新的常识，一定会成功开拓市场。

村上太一生于 1986 年，高中时代找兼职的时候，想要解决自己遇到的那些烦琐的事，于是设计了兼职招聘网站这种新商业产品。2006 年，在早稻田大学政治经济学部上大学一年级时，便创立了 Livesense 公司。2009 年大学毕业。2011 年，以 25 岁零 1 个月的年龄，成为史上最年轻的、在东京证券交易所 MOTHERS 市场[1]上市的企业老板，2012 年又在东京证券交易所 1 部上市。

主要业务是经营兼职招聘网站 Jobsense，其特点是在招聘成功后缴纳中介费用。该网站并不是在发布招聘信息时收取客户费用，而是在招聘成功后收取。这样就便于发布招聘信息，可以广泛搜集招聘信息。而且，向应聘成功者发放祝

[1] 东京证券交易所 MOTHERS 市场，即日本创业板。

贺津贴，支持求职活动。

二人都积极应对变化，有旺盛的好奇心。也许今后的企业经营者不能缺少这种素质。

堀场 是呀，我对什么都感到好奇，我不明白为什么有些人看到了新鲜事物却不兴奋。吃到新菜品的时候，我非常想知道是用什么材料、怎么做的。而且，知道菜谱以后，我一定会自己做着试试。

到了这个年龄，看不懂的事情越来越多了。最近我想重新学习哲学，于是便开始读岩波书店[1]的哲学系列书。

村上 好奇心不是想提高就能提高的，这是人的本能。但是，像堀场先生这样，本来就具备

[1] 岩波书店，日本著名出版社，成立于1913年，至今已有百年历史，出版了大量的学术类书籍、岩波文库和岩波新书等系列丛书，为普及古典和学术研究成果，以及推动文化大众化做出了巨大贡献。

丰富经验的人，还能保持这么强烈的求知欲望，真的很厉害。

我也是这种类型的人，遇到新鲜事物一定要尝试一下，前些日子还做了最近比较流行的遗传基因检测。但最令我兴奋的还是人们能使用我做出来的东西。我很喜欢工作，周六周日都不愿意休息，经常加班工作。

企业经营者不仅需要对新兴市场有好奇心，而且还必须承担风险，做出行动，拥有创业者精神。在这一点上，二人都是学生风险投资出身，创业者精神比别人强一倍。

堀场 我们企业在实行法人化 18 年后才上市。当时，一般公司都是成立 25 年左右上市。人们惊讶地说“堀场先生真快”，而村上先生仅仅用了 5 年就上市了。

村上　那是因为和堀场先生那个年代相比，上市标准有所放宽了。办公室也可以免费借用等等，我有了强有力的支援。如今，风险投资企业更容易诞生，也拥有了更适合的成长环境。

堀场　这是这样吗？实际上风险投资企业也不是很容易就能诞生的。有一次，我受某大学的邀请，做关于风险投资企业的讲座，事后有学生的母亲打电话来向我诉苦。“我好不容易让孩子上了大学，就是为了将来能进一家好的公司，可是听了您的演讲，他却说‘我要自己开公司’，请您不要让孩子产生这种想法。”听了这番话，我真觉得灰心丧气。

人具有追求新奇性的遗传基因。根据某调查结果显示，英裔美国人，每100人中有50人有这种遗传基因。相反，每100个日本人中只有两个人有这种遗传基因。

“今后可能发展成大买卖。”虽然这么想，但实际上承担风险、付诸行动的日本人只占英裔美国人的1/25。我和村上先生都是那100人中的那两人。虽然很值得高兴，但是在日本绝对是少数派。

村上 日本人和欧美人对于创业的看法确实有很大差别。也许比起创业，日本人更适合风险较小的社内风险投资。

堀场 是这样的，国家想鼓励创业，这是好事，不过在各个公司建立对员工来说具有挑战性的组织体系，在日本也同样重要。

如果能够建立类似于社内创业制度，员工每个人都非常自律地工作的话，这家企业抓住新市场的机会也就更大。

村上 在我们企业，尽可能地缩小组织单位。这样一来，员工的责任意识就会增加，工作起来也会感到很有乐趣。自己做与不做，结果都没什么两样，这种情况最没有意义。

另一方面，我们也感到了困难。我经常对员工说“幸福产于幸福，幸福创造幸福”。对社会提供价值，造福于他人，自己也会感到快乐。如果能使社会生活变得更加幸福，那么这也和自己的幸福息息相关。但是，有人不赞同这种思想……我一直以为这是每个人内心深处的欲求。

堀场 只顾自己的人越来越多了，但是我也不喜欢员工口口声声说是“为了公司而努力工作”。员工能够新奇有趣地工作的话，工作的成功率也会变高。如果心里想着“没办法，都是为了公司”而闷闷不乐地工作的话，这样的员工也不会拿出优异的成果。这样的员工还是辞职比较好。

我们可以这样认为：企业是一个舞台，员工是演员，企业经营者是导演，“想演出一部这样的剧”并决定怎样分配角色的是导演。演员并不是为了导演，也不是为了剧场，而是自己要发挥出最高水平的演技。没有哪个演员会考虑剧场的收支情况。

演员如果能够愉快地进行演出，作为结果，观众就会感觉“这部剧不错”，前来捧场，剧场自然就会赚钱。企业经营与此道理相同。

堀场制作所的企业哲学是“新奇有趣”，村上先生把“生活的意义（Livesense）”作为公司名称。二者都是标榜以人为本、以员工为中心的企业经营理念。

堀场 工作如果没有乐趣，那是不行的。工作绝对不是一件痛苦的事情。这种价值观员工能理解多少呢？为了让员工理解，企业经营者自身首先必须要享受工作。无论将来日本会发生怎样的变化。

村上 我内心非常享受人力资源方面的工作。这个人适合在银行工作、那个人适合在餐饮业工作，我们可以给全日本的求职者分配角色。在日本国内，如果能够人尽其才，GDP（国内生产总值）就会增长2%或3%。这样一来，就会看出这一事业意义重大。

想要让员工新奇有趣地工作，前提是企业必须要成长。如果企业不成长，就无法为员工提供机会。所以，我本人很享受我的事业，也想努力把企业做大。我从未想着“企业做到这么大规模就可以了”。

堀场 企业越有活力，每名员工工作就越有乐趣。如果失去了活力，那么企业的所有机能都会下降。企业经营者拥有强烈的事业欲望，使企业成长，这一点无比重要。

创美工厂出品

出 品 人：许　永
责任编辑：许宗华
特邀编辑：林园林
版权编辑：杨　博
封面设计：海　云
内文制作：石　英
责任印制：梁建国　潘雪玲
发行总监：田峰峥

投稿信箱：cmsdbj@163.com
发　　行：北京创美汇品图书有限公司
发行热线：010—53017389　59799930

创美工厂
微信公众平台

创美工厂
官方微博